dtv

Auf dem Gut des Grafen Helmuth James von Moltke im schlesischen Kreisau trafen sich die Männer und Frauen der Widerstandsgruppe gegen das NS-Regime, der man den Namen Kreisauer Kreis gegeben hat. Hier erarbeiten sie seit 1940 in langen Gesprächen die Entwürfe für eine politische und geistige Neugestaltung Deutschlands nach dem Ende der Diktatur. Viele von den Mitgliedern wurden verhaftet, insbesondere nach dem Attentat Graf Schenk von Stauffenbergs auf Hitler am 20. Juli 1944, und zum Tode verurteilt. Freya von Moltke erzählt von der Familie, dem Gut, den Menschen, der Landschaft, der schwierigen Zeit während der einjährigen Haft ihres Mannes und nach seiner Ermordung im Januar 1945 und den Problemen der unmittelbaren Nachkriegszeit. Sie porträtiert die Mitglieder des Kreisauer Kreises, schildert anschaulich die Atmosphäre der Treffen und vermittelt einen sehr persönlichen Einblick in die Vorstellungswelt, die sie, ihren Mann und die Freunde zum Widerstand veranlaßte.

Freya von Moltke, geboren 1911 in Köln, studierte Jura und wurde 1935 an der Humboldt-Universität Berlin promoviert. 1931 heiratete sie Helmuth James von Moltke. Von 1960 bis 1973 teilte sie das Leben von Eugen Rosenstock-Huessy. Sie lebt seit 1960 in Vermont, USA, widmet sich der Geschichte des Kreisauer Kreises und engagiert sich für die deutsch-polnische Verständigung. Für die große Edition der Briefe Moltkes ›Briefe an Freya 1939–1945‹ erhielt sie 1989 den Geschwister-Scholl-Preis.

Freya von Moltke

Erinnerungen an Kreisau

1930–1945

Deutscher Taschenbuch Verlag

April 2001
Deutscher Taschenbuch Verlag GmbH & Co. KG,
München
www.dtv.de

(ISBN 3-406-42653-0)

Umschlagkonzept: Balk & Brumshagen
Umschlagfoto: Privatbesitz der Autorin
Druck und Bindung: C. H. Beck'sche Buchdruckerei,
Nördlingen
Gedruckt auf säurefreiem, chlorfrei gebleichtem Papier
Printed in Germany · ISBN 3-423-30803-6

Inhalt

Das Leben in Kreisau

Im Frühjahr 1930 bin ich, eben 19 Jahre alt, mit meinem Bruder Hans Deichmann zum ersten Mal nach Kreisau gekommen. 911 Kilometer waren es mit der Bahn von Köln nach Kreisau. So stand es auf meiner Fahrkarte. Wir wurden von Helmuth mit einem kleinen grünen Auto, einem sogenannten Opelfrosch, vom Bahnhof Kreisau abgeholt, obwohl es zu Fuß nur 10 Minuten bis zum Berghaus, dem gemütlichen Wohnhaus, waren, wo die Moltke-Familie jetzt lebte. Von Berg kann keine Rede sein; das Haus lag etwas erhöht, abseits, fünf Minuten über Wiesen und Bauernäcker und das Flüßchen Peile vom Gutshof – mitten im Dorf – entfernt. So etwas wie diesen riesigen rechteckigen Gutshof, eingerahmt von großzügigen schönen Gebäuden, Stallungen und Scheunen mit roten Ziegeldächern, hatte ich im Westen Deutschlands noch nie gesehen. Im Hof lag auch das sogenannte Schloß. Es war einmal – so sieht man es auf alten Abbildungen – in seinen Proportionen ein schönes großes Landhaus aus dem 18. Jahrhundert. So hatte es der alte Feldmarschall Helmuth von Moltke noch bewohnt. Dieser hatte 1867, damals Chef des preußischen Generalstabs, das frühere Rittergut Kreisau mit seinen Vorwerken in Nieder Gräditz und Wierischau aus einer ihm vom preußischen König gewährten Dotation, einem Geldgeschenk, von einer Familie von Dresky erworben.

Die Dotation war der Dank Preußens für den von

Das Schloß. Vorderansicht

Moltke gewonnenen Sieg über die Österreicher bei Königgrätz in Böhmen. Durch Um-, An- und Aufbau der nächsten Generation, die der Modernisierung und Vergrößerung dienten, war es ein großer, imposanter Kasten geworden. Das Zimmer des Feldmarschalls blieb allerdings unverändert erhalten und wurde für viele Deutsche ein Wallfahrtsort, immer wieder von Angehörigen der Familie Moltke pflichtschuldig gezeigt. Das Andenken des Feldmarschalls war in der Familie eine Angelegenheit des Respekts, nicht mehr.

Als dann wirtschaftlich schwierige Zeiten kamen, wurde es unerschwinglich, das große Haus im Winter zu beheizen. 1928 zog deshalb die Familie ins Berghaus. Dort hatte schon der Feldmarschall seine verwitwete Schwägerin angesiedelt, und dieses Haus war immer Teil des Moltkeschen Familienlebens gewesen. Jetzt wurde es neu belebt – und mit Recht neu geliebt.

Das Schloß blieb aber nicht ganz unbewohnt. Mit Öfen beheizbare Teile wurden vermietet und mindestens im Sommer von verwitweten Tanten bewohnt. Jetzt war es umgekehrt: Die verwitweten Tanten wohnten im Schloß, die Moltkes im Berghaus.

Dorthin fuhr uns der Opelfrosch, den ich übrigens nach unserem ersten Besuch nie wiedergesehen habe; wir haben in Kreisau nie wieder ein Auto besessen.

Im Berghaus lebte also jetzt Dorothy von Moltke mit ihren fünf Kindern, seit Ende 1929 auch wieder mit dem von ihr bewunderten Sohn Helmuth James. Als die schwierigen Zeiten sich zu einer akuten Katastrophe im Gutsbetrieb ausweiteten, hatte der Vater Helmuth seinen zweiundzwanzigjährigen ältesten Sohn zu Hilfe gerufen, der nach dem juristischen Referendarexamen an einer Bank in Berlin arbeitete. Er machte ihn zu seinem Generalbevollmächtigten und zog sich selbst von der Kreisauer Wirtschaft ganz zurück. Vater Helmuth lebte damals schon hauptsächlich in Berlin. In seiner Jugend war er von einer schweren Krankheit durch Christian Science, die Lehre einer amerikanischen christlichen Glaubensgemeinschaft, geheilt worden. Er blieb nicht nur sein ganzes Leben Anhänger dieser Gemeinschaft, sondern er wurde in ihr höchst aktiv, indem er selber Heilbehandlungen vornahm und lehrte. Seine Arbeit für Christian Science entwickelte sich immer mehr zu einer auch beruflichen Tätigkeit, und Christian Science, die das Heilen als geistliche Aufgabe versteht, spielte in der Generation von Helmuth James' Eltern in Kreisau eine große Rolle. Aber diese Glaubenspraxis wurde von der folgenden Generation nicht übernommen. Der Sohn Helmuth ließ sich

Dorothy und Helmuth von Moltke (die Eltern) auf der Veranda des Berghauses (etwa 1928–1930)

von dem alten Pastor im großen Nachbardorf Gräditz konfirmieren.

Berlin (250 km entfernt) lag für die Kreisauer Moltkes übrigens immer näher als Breslau (50 km entfernt). Immer wieder hatten sie Wohnung auch in Berlin genommen, und das blieb so. Das hatte sich ganz natürlich entwickelt, denn als Rechtsnachfolger des Feldmarschalls, der selbst keine Kinder gehabt hatte, waren in zwei weiteren Generationen die Kreisauer Moltkes Mitglieder des preußischen Herrenhauses – solange es existierte, bis 1918.

Für die Verwaltung der Landwirtschaft hatte der Vater einen angestellten Agronomen. Dieser Mann starb plötzlich Ende September 1929, und es zeigte sich, daß er schon länger krank gewesen sein mußte, jedenfalls seiner Aufgabe nicht mehr Herr gewesen war. Ohne Wissen des Eigentümers hatte er für den schon vorher schwer verschuldeten Gutsbetrieb erhebliche neue Schulden gemacht, hatte unerfüllbare Verträge abgeschlossen, die ganze Wirtschaft lag im argen. Ein Konkursverfahren und die Zwangsvollstreckung zugunsten der Gläubiger, das heißt der Verlust des Guts drohten. In mühevoller Arbeit ging nun Helmuth James daran, Ordnung in das Chaos zu bringen und einen Plan für die Gläubiger, hauptsächlich Banken, aufzustellen, der es für diese attraktiver erscheinen ließ, anstelle einer Zwangsversteigerung das Gut zugunsten der Gläubiger weiter zu bewirtschaften. 1930/31, zur Zeit der Weltwirtschaftskrise, wäre es wahrscheinlich auch unmöglich gewesen, einen angemessenen Preis für den Besitz zu erzielen. Helmuth – Jurist – machte aus dem Gutsbetrieb eine Kreisau-Betriebsgesellschaft zugunsten der Gläubiger. Er gewann einen neuen Mann für die Führung der Landwirtschaft, Adolf Zeumer. Dieser und Helmuth James wurden Angestellte der Betriebsgesellschaft. Der Eigentümer und seine übrige Familie hatten keine Ansprüche mehr. Sie erhielten nur noch ein „Deputat“: Naturalien – Milch, Butter, Mehl, Kartoffeln und was das Gut sonst hervorbrachte. Dorothy von Moltke nahm, um der Bargeldlage aufzuhelfen, Engländer in ihr Haus, die Deutsch lernen wollten und viele Monate blieben.

Sechzig Jahre zuvor hatte der Feldmarschall seine Familie wieder auf dem Lande ansässig machen wollen.

Sein Vater hatte mehrmals Landbesitz verloren. Er selbst war unter sehr bedrängten Verhältnissen aufgewachsen. Er suchte in Schlesien; Kreisau gefiel ihm. Kein Wunder. Es liegt in einer Mulde eingebettet in dem schönen welligen mittelschlesischen Ackerland zwischen dem Eulengebirge und dem Zobten – die Berge am Horizont. Am oberen Rand der Mulde läuft eine der alten Landstraßen, die früher Osten und Westen verbanden. Große Ackerflächen wechseln mit schmalen bäuerlichen Ackerstreifen, dazwischen Wiesen und Buschwald. Das Land hat eine herrliche Weite, über ihm ein großer, heller Himmel. Das zu den Sudeten gehörige Eulengebirge, 1000 Meter hoch, beherrscht in sanften Linien in der Ferne die Landschaft. Kreisau hat kontinentales Klima, das heißt, lange, kalte Winter, nicht immer mit Schnee, aber ich erinnere mich doch schöner Fahrten im Pferdeschlitten. Es folgten dann trockene, warme Sommer.

Als wir im Frühjahr 1930 in Kreisau ankamen, war die Stimmung im Berghaus trotz der schwierigen Lage ganz entspannt. Wir kamen natürlich, um Helmuth zu besuchen, um seine Familie kennenzulernen und seine Heimat zu sehen. Im Sommer zuvor hatte ich Helmuth und seinen Bruder Joachim Wolfgang bei Frau Dr. Eugenie Schwarzwald, der großen Wiener Pädagogin und Menschenfreundin, die für ihre vielen Freunde am Grundlsee im Salzkammergut in Österreich ein leeres Hotel zu mieten pflegte, in einzigartigen Ferien zum ersten Mal getroffen. Jetzt gerieten wir, mein Bruder und ich, sogleich und gerne in den Bann von Helmuths Mutter, Dorothy von Moltke geborene Rose Innes. Sie war das einzige Kind des ersten präsidierenden Richters des obersten Gerichts (Chief Justice) der Südafrikanischen Union, Sir James Rose Innes, und seiner energischen klugen Frau Jessie geborene Pringle, beide aus schottischen Familien stammend, die in den zwanziger Jahren des 19. Jahrhunderts nach Südafrika ausgewandert waren. Südafrika war Teil des Britischen Commonwealth geworden, Dorothys Eltern fühlten sich als Mitglieder dieses großen Verbandes, aber vor allem als Südafrikaner. Mutter und Tochter Rose Innes, auf einer Bildungsreise für die junge Tochter in Europa, hatten von Dresden aus eine Sommerpause auf dem Lande in Kreisau eingeschoben. Dazu waren sie durch ein „unternehmendes" Inserat der damaligen Kreisauerin, Ella geborene Gräfin Bethusy Huc, verlockt worden. Sie war die Frau von Wilhelm von Moltke, der Kreisau von dem kinderlosen Feldmarschall 1891 geerbt hatte. „Muttel Ella", die ich leider nicht mehr erlebt habe, war in vieler Hinsicht „unternehmend": Es soll in Kreisau sogar zu Tischrücken und Geisterseancen gekommen sein. Die Legende berichtet, daß dabei vernommen worden war, es werde Glück in der Gestalt einer jungen Frau nach Kreisau kommen, die bei ihrem ersten Auftreten dort in einem weißen Kleid und mit einer blauen Kette erscheinen werde. Jedenfalls, so heißt es, trug Dorothy am ersten Abend ein weißes Kleid und um den Hals eine blaue Glasperlenkette. So trafen sich die Eltern von Helmuth James. Ob er sich wohl in ihr Herz gesungen hat? Denn er sang herzbezwingend schön und hätte ein großer Sänger werden können. Leider habe ich ihn nur ein einziges Mal noch singen hören.

Es hat nach Dorothys erstem Besuch noch eine Weile gedauert. Es gab einiges Hin und Her. Die südafrikanischen Eltern sahen ihre Tochter nur sehr ungern im

Dorothy von Moltke mit ihren Eltern und den Söhnen Joachim Wolfgang, Carl Bernhard und Wilhelm Viggo (von links nach rechts) beim Berghaus (1928/29)

Osten Deutschlands verschwinden. Damals waren sie von ihr noch durch eine dreiwöchige Schiffsreise getrennt; es gab noch keine Flugzeuge und noch kein über solche Entfernungen funktionierendes Telefon. Aber 1905, bald nach dem plötzlichen Tod Wilhelm von Moltkes, wurde Dorothy die nächste Kreisauerin. Sie brachte der Familie in Kreisau in der Tat viel Glück, denn sie wurde mit ihrer herzlichen Wärme, ihrer Offenheit und Bereitschaft, sich anderen Menschen zuzuwenden, der Mittelpunkt der großen Familie und des gastfreien Hauses, in dem viele Menschen ein und aus gingen. Sie wurde sehr geliebt. In die ihr völlig neue Welt brachte sie ein selbständiges Urteil über Menschen und Dinge mit und ein höchst lebendiges Interesse an allem öffentlichen Geschehen.

Das spürten auch wir sofort. Obwohl die wirtschaftlichen Verhältnisse ganz offenbar sehr beengt waren, lebte Dorothy damals ausgesprochen glücklich im Berghaus mit ihren zu ihrer Freude heranwachsenden fünf Kindern. Ihr Mann kam zu Besuch. Den großen Haushalt im Schloß war sie los; es herrschte eine zufriedene, weltoffene Atmosphäre. Die Verbindung mit Südafrika riß nie ab. Jede Woche gingen Briefe hin und her. Mindestens alle zwei Jahre sahen sich Eltern und Tochter. Besonders zwischen Vater und Tochter bestand ein sehr nahes Verhältnis. Der Vater war zuerst Rechtsanwalt, liberaler Politiker und dann Justizminister gewesen, ehe er zum Richter ernannt wurde. Direkt und auch indirekt durch seine Tochter hat er großen Einfluß auf seinen Enkel Helmuth James und dessen Auffassung vom Recht gehabt.

Jetzt jedenfalls aßen wir südafrikanischen Biltong, getrocknetes, geriebenes Antilopenfleisch, als Brotbelag zum Frühstück, was wir Rheinländer natürlich faszinierend fanden, und freuten uns, mit der Familie an dem großen runden Tisch im Eßzimmer des Berghauses zu sitzen. Joachim Wolfgang, der nächstjüngere nach Helmuth James, studierte schon Kunstgeschichte, Willo hatte eben Abitur gemacht; er wollte Architekt werden und machte ein praktisches Jahr als Maurer in Schweidnitz, der nahen Kreisstadt. Die beiden Jüngsten, Carl Bernd und Asta, gingen noch in die Schule.

Da mein Herz von Helmuth voll war, erschien mir auch ganz Kreisau unwiderstehlich. Alles war für mich neu. Aber um mir zu gefallen genügte für mich damals vollkommen, daß es Helmuths Welt war. Nach unserem Besuch gab es dann zuerst wieder Briefe.* Wer Helmuth kennenlernen will, muß seine Briefe lesen. Er ist nicht leicht zu beschreiben, besonders nicht für mich.

Er hat sich selbst als einen komplizierten Menschen bezeichnet. Er war von hoher, schmaler Gestalt – zwei Meter war er groß und daher auffallend –, dunkelhaarig wie seine Mutter. Er galt als reserviert, Abstand haltend. Aber wer den Ausdruck seiner lebendigen braunen Augen aufzunehmen verstand, konnte sofort seine Wärme erkennen. Vielleicht erschloß sich diese nur seinen Allernächsten, wie auch seine Heiterkeit. Er machte sich gern über seine Nächsten lustig, aber nie-

* Freya von Moltke, Michael Balfour, Julian Frisby, Helmuth James Graf Moltke 1907–1945. Berlin 1984 (jetzt Zürich, Diogenes Verlag). – Helmuth James von Moltke, Briefe an Freya 1939–1945. München: C.H.Beck, 2. Aufl. 1991. – Helmuth James Graf von Moltke, Letzte Briefe. Zürich: Diogenes Verlag 1997.

mals in verletzender Weise. Und es machte ihm Spaß, Fernerstehende zu schockieren. Es gab ein Photo, wo er sich mit Hammer und Sichel in den Händen hatte aufnehmen lassen, ohne jemals Kommunist gewesen zu sein. Seine konservativen pommerschen Verwandten fanden, er sei nicht würdig, der Erbe von Kreisau zu sein. Mit seinen Freunden und seiner Familie glaubte ich an seine großen Gaben. In allen Aufgaben des Lebens fiel es ihm leicht, Entscheidungen zu treffen. Er verstand, Menschen Orientierung zu geben. Großes Vertrauen wurde ihm entgegengebracht. Obwohl für seine Person zurückhaltend, war er sehr offen für die Sorgen seiner Mitmenschen. Nicht nur seine Geschwister sahen zu ihm auf.

Ich hatte begonnen, in Köln und Bonn Jura zu studieren. Es kam zu weiteren Besuchen im Westen und im Osten Deutschlands und in Österreich. Es war ein anstrengendes und forderndes Jahr für Helmuth. Der Zustand des Gutsbetriebs war äußerst verworren gewesen. Es bedurfte noch langer komplizierter Verhandlungen, Umschuldungen und Neuplanungen, bis die Lage wieder einigermaßen gesichert war, und es dauerte noch einige Jahre bis zur völligen Gesundung des Gutsbetriebs. Hindenburgs „Osthilfe" für die Sanierung der ostdeutschen Landwirtschaft, die allgemein durch die große Wirtschaftskrise hoch verschuldet war, kam schließlich Kreisau auch noch zugute.

Im Sommer 1931 bekam ich eines Tages in Köln einen Brief von Helmuth: Da seine Mutter im Herbst wieder für sechs Monate nach Südafrika fahren wolle und eine Vertretung für sie im Haus mit den noch jüngeren Geschwistern notwendig sei, wäre es das Gegebene, wenn wir heirateten und ich ins Berghaus käme. Und so geschah es.

Ich war nicht etwa eine gute Partie, denn ganz kurz vor unserer Hochzeit hatte auch meines Vaters Bank „die Zahlungen eingestellt". Aber Helmuth sagte, wir könnten ja wie zwei Studenten leben, lieber zusammen als alleine. Was ich aber mitbrachte, war ein linksrheinisches Gewohntsein an Unabhängigkeit, die ich wohl vor allem der Erziehung durch meine beiden älteren Brüder Carl und Hans, aber auch meiner Mutter verdankte. Und ich habe das Glück, von einer ganzen Reihe sich frei im Leben bewegender Frauen abzustammen. Diese Freiheit habe ich dann wohl auch für mich vorausgesetzt, und darin bin ich auch nie enttäuscht worden. In Kreisau wurde ich sehr herzlich aufgenommen.

Haushaltspflichten hatte ich wenige, denn die lagen in den Händen von „Mamsell", Frau Ida Märkert, einer verwitweten, kinderlosen Bäuerin, die in der Inflation ihren Hof und Gut und Geld verloren hatte und darum damals, schon ziemlich betagt, als Köchin bei Moltkes arbeitete. Sie war mit aufs Berghaus gezogen, und jetzt hatte sie dort wieder so etwas wie einen Bauernhof unter sich. Sie kümmerte sich um alles, um Haus und Garten; junge Mädchen aus dem Dorf halfen. In Mamsell lernte ich meine erste echte Schlesierin kennen. Mir sind in Schlesien noch andere Menschen ihrer Art begegnet, Menschen von großer innerer Selbständigkeit und Unabhängigkeit, unbestechlich in ihrem Urteil. Trotz ihrer nun abhängigen Stellung verlor sie nicht ihre innere Freiheit, sich mit Freuden einzusetzen, und das tat sie. Mamsell war mit uns allen befreundet, am herzlichsten wohl mit Helmuth James, am wenigsten

„Mamsell"

mit Vater Helmuth, dem sie nicht gut genug kochte. Ich höre noch Helmuth, wie er, aus dem Hof kommend, Mamsell am Küchenfenster mit „Heil Märkert" begrüßte, was sie entsprechend mit „Heil Moltke" erwiderte.

Hier muß ich auch die Gemeindeschwester und die Seele des Dorfes, Schwester Ida Hübner, eine Diakonisse aus Frankenstein in Schlesien, nennen. Schon der Feldmarschall hatte für die Kinder der arbeitenden Frauen in Kreisau einen Kindergarten eingerichtet. Die „Spielschule" hieß das. Viele Kreisauer sind durch die

Schule der klugen Schwester Ida gegangen. Sie sorgte außerdem für die Gesundheit des Dorfes, auch für die der Moltkes, die nicht an Ärzte, wohl aber an Schwester Ida glaubten.

Ich hatte in Bonn schon einige Semester Jura studiert und machte nun in Breslau ein paar Seminare mit. Helmuth stellte mich aber auch sofort an. Ich habe in dem ersten Winter endlose Statistiken über die Arbeitslosen im Waldenburger Kohlenrevier für ihn durchgearbeitet. Die miserablen Verhältnisse, unter denen die Bergarbeiter in Waldenburg immer noch leben mußten, hatten Helmuth schon seit Jahren nicht ruhen lassen. Immer wieder hat er versucht, die menschenunwürdigen Zustände an die große Glocke zu hängen. Er hat sogar berühmte amerikanische Journalisten, mit denen er befreundet war, nach Waldenburg gebracht, damit sie Berichte schrieben.

Der Gutsbetrieb lief nun wieder in geordneteren Bahnen unter Adolf Zeumers strenger und effizienter Aufsicht. Er wurde allgemein respektiert. Von früh bis spät fuhr er mit seinem Pferdchen und einem leichten Wagen mit nur zwei großen Rädern – man nannte das eine Spinne – zu den verschiedenen Arbeitsabschnitten über die Äcker und Wiesen von einem Ende des Gutes bis zum anderen. Es hieß, wenn irgendwo etwas schiefgeht, dann erscheint auch gleich Herr Zeumer wie gerufen mit seinem Pferdchen am Horizont. Auch er war ein unabhängiger Mann, bequem war er nicht. Er hatte vorher den Hof seiner Frau betrieben, aber die Leitung einer größeren Landwirtschaft, vielleicht die Aufgabe, den heruntergekommenen Betrieb neu aufzubauen, hatten ihn wohl auch gereizt. Er und Helmuth James haben bis 1945 sehr gut zusammengearbeitet.

Herr Zeumer, Helmuth James und Freya von Moltke

Der Boden in Kreisau ist nur von mittlerer Güte und sehr ungleichmäßig. Es gibt da sandige Endmoränen des Eulengebirges; dort wachsen nur Hafer und Roggen. Die anspruchsvolleren Feldfrüchte: Weizen, Braugerste, Zuckerrüben und Kartoffeln gedeihen auf Kreisaus reicheren Böden. 1200 Morgen waren „unter dem Pflug", und dazu kamen noch 400 Morgen Koppeln, das heißt Wiesen und Wald. In dem prächtigen Gewölbe des großen Kuhstalls standen etwa 60 Kühe; dazu kam das Jungvieh. Die Milch wurde täglich mit Pferdegespann nach Schweidnitz in die Molkerei gefahren. Etwa hundert Schweine wurden gemästet, und auch die Ferkel wurden in Kreisau aufgezogen. Während des Krieges erwarben wir noch eine große Schafherde, 200 „Muttern". Als ich nach Kreisau kam, wurde die ganze Arbeit auf dem Feld noch mit Pferdegespannen verrichtet. Langsam kam man dann in die Lage, modernere Maschinen anzuschaffen. Bei sorgsamer Betreuung konnte der Gutsbetrieb seine dort lebenden und arbeitenden Menschen und Tiere gut ernähren. In der Hochsaison arbeiteten dort bis zu 60 Personen, dann auch die Frauen, deren Hilfe bei der Pflege der Zuckerrüben und der Ernte wichtig war. Helmuth behielt die wirtschaftliche und finanzielle Oberaufsicht fest in der Hand, aber so bald wie möglich begann er, sich auf einen aktiven Kontrollposten zurückzuziehen, und nahm seine weitere juristische Ausbildung an den Gerichten von Reichenbach und Schweidnitz auf.

Mir scheint, ich mußte in diesem ersten Winter vor allem Bridge spielen lernen, denn das war ein Spiel, das im Haus der Moltkes als Familienunterhaltung sehr beliebt war, und jetzt waren wir mit Carl Bernd und Asta im Haus zu viert, wie das Spiel es verlangt. Es ist ein interessantes Spiel, und sie spielten es alle glänzend, auch die Jungen. Ich mußte es lernen, spielte erst schlecht und verlor gar nicht gern, aber es trug alles zur Idylle der Abende dieses Winters bei.

Im Herbst 1932 nahmen auch wir Wohnung in Berlin. Sie war winzig und lag in einem alten Haus in der Bendler-, jetzt Stauffenbergstraße, direkt am Tiergarten. Es war für mich einfach köstlich, nun endlich einmal allein mit Helmuth wohnen zu können. Zur deutschen Ausbildung eines Juristen gehörten sechs Monate juristische Arbeit in einem Anwaltsbüro und sechs Monate juristische Arbeit an einem Oberlandesgericht. Beides wollte Helmuth in Berlin erledigen. Er arbeitete zuerst in dem Anwaltsbüro von Koch-Weser/Carlebach, danach am Kammergericht, dem Berliner Oberlandesgericht. Trotzdem blieb Kreisau der unverlierbare, beständige Hintergrund in unserem Le-

Wilhelm Viggo, Helmuth James, Asta, Freya mit dem amerikanischen Journalisten Edgar Mowrer und seiner Tochter auf der Treppe des Berghauses (1932)

ben, immer ein Ort der Sehnsucht für alle abwesenden Glieder der Familie. Wir verbrachten auch von Berlin aus viel Zeit in Kreisau. Helmuth kümmerte sich laufend um den Gutsbetrieb, fuhr mindestens einmal im Monat nach Schlesien.

Den 30. Januar 1933, den Tag, an dem Hindenburg Hitler zum Reichskanzler ernannte, erlebten wir in

Berlin. Der frühere Landrat von Waldenburg, Dr. Ohle, ein Sozialdemokrat, mit dem Helmuth während seiner Bemühungen um die Linderung der Not der Bergarbeiter dort zusammengearbeitet hatte, war bei uns zum Mittagessen. Er war der Ansicht, man müsse die Nazis an die Macht lassen, damit sie, wie andere Regierungen damals, abwirtschafteten und dann ersetzt würden. Helmuth widersprach ihm verzweifelt und mit Leidenschaft: Es sei der Beginn einer Katastrophe erster Ordnung. Über die politische Lage wurde bei uns immer, schon in den wilden bürgerkriegsähnlichen Zeiten, die der Hitlerregierung vorausgegangen waren, viel, bewegt und besorgt gesprochen. Von der militärischen Tradition war in der Familie nichts mehr zu spüren. Die Kreisauer fühlten sich als Demokraten und standen positiv zur Weimarer Republik, auch Helmuths Vater. Sie wählten die Parteien der Mitte. Helmuth mit seinen sozialistischen Neigungen war weitaus der radikalste. Er bedauerte die Schwäche des Reichstags und hielt Reichskanzler Brünings Politik, ohne das Parlament und mit Notverordnungen nach dem Notstandsparagraphen der Weimarer Verfassung zu regieren, für höchst gefährlich für den Bestand der Demokratie. Über Hitlers Pläne hatte er keine Zweifel. Er – ich nie – hatte Hitlers Buch ‚Mein Kampf' gelesen und ernstgenommen. Als im Laufe der sogenannten NS-Gleichschaltung, die dann über Deutschland kam, Mamsell in Kreisau aufgefordert wurde, der NS-Frauenschaft beizutreten, eigentlich einer noch relativ harmlosen Organisation im Vergleich zu anderen, lehnte sie das mit der Begründung ab, „Herr von Moltke sagt, Hitler, das bedeutet Krieg".

Das zu äußern konnte sich Mamsell in Kreisau leisten. Und auch wir konnten uns vieles leisten. Kreisau war ein kleines Dorf mit nur etwa 400 Einwohnern. Außer dem Gutsbetrieb gab es eine Reihe von kleinen bäuerlichen Betrieben, deren Angehörige zum Teil zusätzlich in der Kreisstadt Schweidnitz arbeiteten, weil sie mit der Landwirtschaft nicht genug verdienten. Die Familie Moltke war angesehen. Sie hat sich wohl nie sehr „herrschaftlich" benommen. Ich habe so etwas jedenfalls nicht erlebt. Ihr Stil war bescheiden und einfach. Es war bekannt, daß sie in den letzten Jahren vor der Nazizeit wirtschaftlich schlecht dran gewesen waren, wahrscheinlich auch, daß Helmuth James in seiner Wiederaufbauarbeit die Forderungen einiger durch den Gutsbetrieb geschädigten Bauern voll berücksichtigen konnte. Es gab so etwas wie eine Lebensgemeinschaft in Kreisau. Jedenfalls herrschte im Dorf eine eher verwunderte als feindliche Haltung gegenüber der offenbaren Tatsache, daß die Familie Moltke nicht bereit war, sich vom Nationalsozialismus ergreifen zu lassen.

Wichtig wurde dann, daß Herr Zeumer sofort enthusiastisch der NS-Partei beitrat, Amtsvorsteher wurde und damit die Polizeigewalt im Dorf innehatte. In Kreisau war er ein mächtiger Mann. In Jahren, während derer die Deutschen sich zu Tausenden gegenseitig sogar auch innerhalb von Familien denunzierten und dadurch oft in Lebensgefahr brachten, schützte uns Zeumers Loyalität. Zeumer und Helmuth haben immer wieder über NS-Deutschland miteinander gesprochen. Als Hindenburg als Reichspräsident zum zweiten Mal zur Wahl stand, hielt Helmuth ihn für zu alt und seine Umgebung für gefährlich. Da niemand von Bedeutung sonst zur Wahl stand, beschloß Helmuth aus Protest

– und ich mit ihm –, Thälmann, den kommunistischen Kandidaten, zu wählen, der nicht die geringsten Aussichten hatte, gewählt zu werden. Da bat Zeumer Helmuth, nicht in Kreisau, sondern in Berlin zu wählen. Es käme sofort heraus, daß wir die Thälmann-Wähler seien. Wir folgten seinem Rat. Zeumer war immer voller Optimismus, der Führer werde schon alles gut machen; niemals war er bereit einzusehen, daß Hitler den Krieg vorbereitete und wollte. Helmuth machte aus seiner grundsätzlichen Meinung und seinem tiefen Pessimismus Zeumer gegenüber nie ein Hehl. Zeumer nahm Helmuth seinen Pessimismus einfach nicht ab. Er hatte alle Hände voll zu tun, er hatte wichtige Arbeit, er sah nicht rechts noch links und überließ alles dem Führer. Aber auf Helmuth ließ Zeumer auch nichts kommen. Sein Respekt für Helmuth, wenn auch ganz anderer Art, hielt wohl seinem Respekt für den Führer die Waage. Helmuth seinerseits schätzte auch Zeumer außerordentlich. Er wußte, daß er sich auf ihn verlassen konnte.

Herrn Zeumers Verhalten hatte große praktische Bedeutung für uns. Er stand in kleinen und größeren Angelegenheiten zwischen uns und der NS-Partei. Als Beispiel hier die Frage des Flaggens. Zu allen möglichen Anlässen mußte geflaggt werden. Das Berghaus lag abseits. Im Schloß wohnten wir nicht. Im Hof flaggte nur Herrn Zeumers Haus – aber das reichte. „Heil Hitler“ gab es zwischen ihm und uns natürlich auch nicht. Ich kam überhaupt immer darum herum, indem ich prinzipiell zuerst grüßte, und nur wenige, die wirklichen Nationalsozialisten, erwiderten mir dann mit dem Hitlergruß.

Auch noch aus anderen Gründen bot uns unsere ge-

Freya von Moltke (1934)

samte Existenz in Kreisau Schutz vor den Nationalsozialisten. Das war vor allem für Helmuth von großer Bedeutung, der von Anfang bis Ende im tiefen prinzipiellen und aktiven Gegensatz zu dem Regime lebte. Kreisau vermittelte uns die Ehre, Rechtsnachfolger des von den Nationalsozialisten hochverehrten Feldmarschalls von Moltke zu sein. Kreisau produzierte Lebensmittel, immer erwünscht und später „kriegswichtig". Das Gut lag so abseits und war so klein, daß bis dorthin alles nur in gemilderter Form drang; kurz, Kreisau machte uns unabhängiger, als viele andere prinzipielle Gegner des Naziregimes es waren, und Helmuth war sich dessen immer bewußt.

In den ersten Monaten des Jahres 1934 machte Helmuth in Berlin das Assessorexamen; damit war er ein voll ausgebildeter Jurist. Gleich danach folgten wir einer Einladung von Helmuths Großeltern nach Südafrika. Wir blieben sechs Monate weg, und in diesen Monaten nahmen wir, aber besonders ich, diese Großeltern, diese starken weisen Menschen erst so recht in unser Leben hinein. Auf dem Rückweg nach Europa kam Helmuth zum ersten Mal in seinem Leben nach England.

Den 30. Juni 1934, als im sogenannten Röhm-Putsch das ruchlose und hemmungslose Morden der Nationalsozialisten zum ersten Mal im Ausland deutlich erkennbar wurde, erlebten wir in Kapstadt. Unsere neuen südafrikanischen Freunde rieten uns, in Südafrika zu bleiben. Aber wir waren uns einig: Wir wollten nach Deutschland zurückkehren. Wir waren beide viel zu stark mit Deutschland verbunden, nicht nur, weil Helmuth für Kreisau verantwortlich und dessen zukünftiger Erbe war; er war auch der älteste der jüngeren Generation einer eng verbundenen Familie und für diese in vieler Hinsicht wegweisend. Zu den Verfolgten gehörten wir noch nicht. Es war außerdem damals wohl schon Helmuths Wunsch, als Gegner der Nationalsozialisten in Deutschland zu bleiben, mindestens dabeizubleiben und sich möglichst als Gegner einzusetzen.

Zurückgekehrt, mußte sich Helmuth fragen, wie er sich als Jurist betätigen könnte. Es kam nicht in Betracht, daß er sich als Rechtsanwalt in Schweidnitz, der 6 km entfernten Kreisstadt von Kreisau, als Anwalt niederließ. Seine Opposition gegen das NS-Regime wäre dort zu offenkundig geworden. Er wollte in der Lage sein, Opfern des Regimes beizustehen. Also ließ er sich in Berlin, wo seine Tätigkeit nicht so sichtbar war, als Rechtsanwalt nieder und ging eine Bürogemeinschaft mit dem auf internationales Recht spezialisierten Karl von Lewinski, einem älteren Anwalt, ein. Sie hatten ein schönes Büro Unter den Linden 64. Außerdem suchte Helmuth nach einem legalen Grund, aus Deutschland immer wieder herauszukommen. Den fand er, indem er in England ein weiteres juristisches Studium begann, das ihn schließlich auch zum „barrister" machte (1939), einem der beiden Formen des britischen Rechtsanwalts. Nur der „barrister" darf vor Gericht plädieren. Zur Ausbildung zum „barrister" gehörte außer dem Bestehen entsprechender Examen auch die Teilnahme an drei Abendessen pro Semester in den Räumen einer der juristischen Innungen; jeder Jurist in England mußte zu einer solchen Innung gehören, eine noch aus dem Mittelalter erhaltene Ordnung. Helmuth wurde wie sein südafrikanischer Großvater Mitglied der Innung „Inner Temple" und mußte nun mindestens dreimal im Jahr zu „dinners" nach London fahren.

Aber nicht nur das: Bei seinen zahlreichen Besuchen in England gewann er auch viele neue Freunde. So entstanden in dieser Zeit seine Freundschaft mit dem alten Commonwealth-Politiker Lionel Curtis und seiner Frau sowie die Freundschaft mit Michael Balfour und seiner Frau Grizel, die auch mir alle über mein langes Leben erhalten blieben. Auch Julian Frisby gehört dazu, einer der jungen Männer, die bei Dorothy Moltke Deutsch gelernt hatten. Er war nach seinem ersten Aufenthalt bis zum Krieg jedes Jahr im Sommer als Gast nach Kreisau gekommen. Julian war bei uns ganz zu Hause. Er war ein großer Gärtner und trug viel zur Verschönerung des Berghausgartens bei. Er sammelte Schmetterlinge und brachte dazu sein Schmetterlingsnetz aus England mit. Daß er, exzentrisch wie er war, auch manchmal grüne Wildlederschuhe trug, machte es für Asta – 15 Jahre alt – unmöglich, so mit ihm in Schweidnitz aufzutreten. Nur die Engländer erzeugen so schöne und so liebenswerte Exzentriker! Alle diese Freundschaften trugen bei zu dem liebevollen Respekt, den es in Kreisau immer für das große Britische Commonwealth gab, das damals ja noch Südafrika einschloß.

Kreisaus Landwirtschaft lag weiter in den kompetenten Händen von Herrn Zeumer. Aber wir fuhren regelmäßig nach Kreisau. Der Nachmittagszug von Berlin nach Schlesien ging gegen 17 Uhr. In Liegnitz mußte man umsteigen. Von dort gingen täglich mehrere Personenzüge am Gebirge entlang nach Oberschlesien. Das war eine vielbefahrene Nebenlinie. Kreisau, zwischen Schweidnitz und Reichenbach gelegen, wurde nach dem Tod des Feldmarschalls, als der Kaiser für dessen Beerdigung dort ausgestiegen war, dauernd Bahnstation. Aber der Nachmittagszug aus Berlin hatte in Liegnitz Anschluß an einen Eilzug. Der hielt nicht in Kreisau. Dann mußte man in Schweidnitz ein Taxi nehmen und war so gegen 22.30 zu Hause.

Es gab gute und weniger gute Ernten; es gab Voranschläge, die gehalten werden bzw. nicht gehalten werden konnten. Der Gutsbetrieb entwickelte sich weiter positiv, konnte seinen Zinsendienst leisten und seine Schulden weiter abzahlen. Schließlich wurde die Betriebsgesellschaft wieder aufgelöst. Ganz entschuldet war das Gut aber erst gegen Ende des Krieges. Als Helmuth mir von diesem letzten Erfolg berichtete, sagte

ich: „Nun bekommen es entweder die Russen oder die Nazis." Helmuth antwortete: „Besser ohne Schulden!"

Aber zunächst traf die Familie Moltke 1935 ein schwerer Schlag: der Tod von Dorothy von Moltke – gerade wieder von einer Reise nach Südafrika zurückgekehrt. Sie starb wahrscheinlich an einem Gewächs im Gehirn, was aber nicht mit Sicherheit festgestellt werden konnte. Es war ein ganz plötzlicher Tod. Sie wurde nur 51 Jahre alt. Die Herrschaft des Nationalsozialismus in Deutschland hatte sie in ihrer eigenen Existenz schwer getroffen. Sie hatte sich ihre Loyalität Deutschland gegenüber nicht leicht erworben, aber dann im Ersten Weltkrieg sehr bewährt. Jetzt hatte sie das Deutschland verloren, dem sie zu vertrauen bereit war, und wußte ihre Kinder gefährdet. Wir haben sie feierlich und sehr traurig unter Teilnahme des ganzen Dorfs, der Umgebung und der gesamten Familie – die Dorffrauen sangen – auf dem Kapellenberg begraben. Auch Dorothys Mutter war anwesend, sie war mit ihrer Tochter für eine Kur nach Deutschland gekommen.

Der Kapellenberg, ein bewaldeter Hügel nahe beim Dorf, hat seinen Namen von einem kleinen, bescheidenen kapellenartigen Gebäude aus rotem Backstein im Stil der Gründerzeit, das der Feldmarschall für sich und seine Frau, die er dort schon 1868 beisetzen mußte, hatte bauen lassen. Er selbst ist ihr erst 1891 dorthin gefolgt. Seitdem ist eine ganze Reihe von Moltkes dort begraben worden. 1941, mitten im Zweiten Weltkrieg, haben wir hier in Anwesenheit einer Abordnung hoher Offiziere und der weiteren Familie den 50. Todestag des Feldmarschalls begangen. Die NS-Partei wollte zu dieser Gelegenheit die karge Kapelle durch ein prächtigeres Mausoleum ersetzen. Helmuth James ist dem erfolgreich mit der Begründung entgegengetreten, daß dies den Wünschen und dem Stil des zu Ehrenden nicht entspräche.

Es hat sich wohl schon aus dem bisher Erzählten ergeben, daß die Moltkes, obwohl mit Kreisau so fest und innig verbunden, nicht ununterbrochen dort lebten. Auch Dorothy, nachdem ihre Kinder nicht mehr in Reichenbach bzw. Schweidnitz in die Schule gingen, hatte im Winter bei ihrem Mann in Berlin gelebt. Nach ihrem Tod fielen ihre Pflichten für Kreisau und für die Familie auf mich, aber auch ich war erst nach der Geburt unseres älteren Sohnes, Helmuth Caspar (November 1937), dauernd in Kreisau, bis dahin im Winter mit Helmuth James in Berlin, im Sommer in Kreisau. Wenn Helmuth von Kreisau abwesend war, hielt ich, hauptsächlich mit täglichen, ganz ins einzelne gehenden Briefen, die Verbindung zwischen ihm und dem Gutsbetrieb aufrecht. Helmuth hat dadurch wirklich bis zu

Helmuth James von Moltke mit dem Sohn Helmuth Caspar (Weihnachten 1938)

seinem Tod in engster Verbindung mit Kreisau und dem Gutsbetrieb gelebt.

Ich habe gewöhnlich eine Arbeitsschicht am Tage im Gutsbetrieb verbracht. Das heißt, ich war abwechselnd etwa von 6 bis 9, oder von 9 bis 12 Uhr, oder am Nachmittag mit Herrn Zeumer hoch auf der Spinne sitzend unterwegs. Es ging über Stock und Stein, und ich wundere mich nachträglich, daß ich nur einmal hinuntergefallen bin – seltsamerweise auf meiner allerletzten Fahrt, aber das erzähle ich an anderer Stelle. Teile von

Helmuths Kontrollfunktionen in Kreisau habe ich im Krieg wohl übernommen. Die betrafen die Kontrolle der Finanzen, der Fruchtplanung, aber auch die laufende Verfolgung der Arbeitsvorgänge und der Erträge. Selbständige Entscheidungen habe ich im Gutsbetrieb nie getroffen. Dazu fehlten mir die Ausbildung und die Erfahrung.

Die Rechtsanwaltspraxis in Berlin lief langsam an. Neben anderen Rechtsfällen fand Helmuth dann auch Gelegenheit, auswandernde Juden zu beraten und ihnen beizustehen. Er hat von Anfang an jüdische Menschen gedrängt, unbedingt Deutschland zu verlassen. Holland sei nicht weit genug weg. Nahe persönliche, verehrte und geliebte Freunde von uns waren auch betroffen. So hat er die Familie meines großen Rechtslehrers, Martin Wolff, beraten, und solche Tätigkeiten zogen sich oft über Jahre hin. Im Blick auf das Ausmaß der späteren furchtbaren Verbrechen, die von den Nationalsozialisten, aber eben doch im Namen und mit Hilfe einer sich für menschlich und fortgeschritten haltenden sogenannten Kulturnation begangen worden sind, tritt in den Hintergrund, daß die Verfolgung der Juden in Deutschland durch viele Stadien gegangen ist. Das geschah nicht mit Rücksicht auf die Juden, sondern mit Rücksicht auf das, was die nichtjüdischen Deutschen und das Ausland hinnehmen würden. Keiner hätte sich in diesen ersten Jahren des Naziregimes vorstellen können, wozu es noch kommen würde. Aber es gab viel bedrückende Arbeit. Das Leben in Berlin wurde Helmuth von Jahr zu Jahr unerträglicher. Es war eine qualvolle Mischung aus Wissen, was vor sich ging und in welche Richtung es sich entwickelte – ein Wissen, das er sich überall zu verschaffen verstand und auch verschaffen wollte – und dem Bewußtsein, verhältnismäßig wenig dagegen tun zu können. Vom 1. Dezember 1938 an durfte er offiziell keine Juden mehr vertreten, danach tat er es illegal.

1939 starb Helmuths Vater, und Helmuth erbte Kreisau. Inzwischen erlebte Nazi-Deutschland einen großen Aufschwung und erfreute sich eines außenpolitischen Erfolges nach dem anderen. Es entstanden neue Arbeitsplätze, vielen Menschen ging es besser, Deutschland wurde mächtiger. Militärische Aufrüstung, das Ausschalten der Juden, die gewaltsame Vernichtung jeder Opposition, die „Gleichschaltung" der ganzen Nation – das war der Inhalt der Jahre vor dem Kriege. Die Methoden waren brutal. Rechtssicherheit gab es schon seit Februar und März 1933 nicht mehr, seit zuerst die Grundrechte der Person durch Notverordnungen und dann die Verfassung durch den Reichstag selbst aufgehoben worden waren. Recht war, was dem NS-Regime diente. Die grausamen Konzentrationslager entstanden zunächst hauptsächlich für deutsche Gegner des Nationalsozialismus. Viele wurden dort entweder kurzerhand ermordet oder mittels sogenannter normaler Verfahren zum Tode verurteilt. Aber das ganz große Morden begann erst mit dem Krieg.

In den Vorkriegsjahren hatten wir Noch-nicht-Verfolgten relativ unbehelligt weitergelebt. Trotz der Anwaltspraxis in Berlin und trotz des Studiums in England war Helmuth viel in Kreisau, dem schönen Kreisau im Aufbau. Es war beglückend, die fruchtbare Landwirtschaft gedeihen zu sehen. Immer wieder durch die friedliche Landschaft zu wandern, über Äkker und Wiesen und durch den Busch, wie die Schlesier

Freya und Helmuth James von Moltke „über die Felder" gehend (1942)

die kleinen zwischen den Feldern liegenden Waldstücke nannten. Wie herrlich war zum Beispiel der Duft der frisch gepflügten Erde und der Maiglöckchen im Wald! Das Wachsen, Blühen, Zur-Ernte-Kommen zu beobachten! Jahrein, jahraus, mit Helmuth allein stundenlang „über die Felder" zu gehen, das sind die glücklichsten Erinnerungen meines Kreisauer Lebens.

Kreisau ermöglichte uns auch ein gastfreies Haus. Daß bei uns Menschen, nicht nur die engere Familie, kamen und gingen, kürzere oder längere Zeiten bei uns verbrachten, das war üblich, und auch das Dorf war

Im Gutshof: Ausspannen der Pferde. Rechts Herr Zeumer

daran gewöhnt. Wir führten Landhaushalte, im Berghaus, aber auch im großen Haus im Hof die Haushalte der Tanten mit ihren Kindern und Enkeln. Hilfe gab es genug. Es war ein gutes Leben in dem gemütlichen Berghaus und auf dessen großer überdachter Veranda zum Garten hinaus, wo wir im Sommer vom Frühstück bis zum Abendbrot die Mahlzeiten einnahmen. Zum Garten, in dem wir alle tätig waren, besonders auch Helmuth, gehörte natürlich ein Obst- und Gemüsegarten, der uns versorgte. Im Krieg kamen dann dazu noch Bienen. Man konnte keinen Honig mehr kaufen, den Helmuth sehr schätzte. Darum lernte ich von zwei alten Schlesiern, Bienen zu halten. Einer der beiden hatte mir die beiden Stöcke verkauft, mit denen ich begann.

Die Alten hatten es leichter als ich, denn sie bliesen, um die Bienen von sich abzuhalten, aus Pfeifen in ihren Mundwinkeln den Rauch auf die Bienen. Aber das Pfeiferauchen habe ich von ihnen trotzdem nicht übernommen. Helmuth hatte in diesen Jahren noch mehr Freude an all dem, was in den Bienenstöcken vor sich ging – was auch unsere Briefe füllte – als an dem Honig, den sie schließlich auch wirklich erzeugten. Ich habe ihm einmal auch eine tote Bienenkönigin nach Berlin geschickt. Er hatte noch nie eine erblickt, und auch ich hatte große Mühe, sie in einem wilden Schwarm, der eigentlich gar nicht hätte schwärmen dürfen, zu entdecken und zu töten. Ohne Königin kehrt ein solcher Schwarm sofort in seinen Heimatbau zurück.

Es ist schwer zu vermitteln, daß dieses ganze noch friedliche Leben sich vor einem Hintergrund wirklich latenter Gefahr abspielte. Wer ein Gegner der herrschenden Diktatur war und das zum Ausdruck brachte oder durch Handlungen bezeugte, mußte mindestens mit einem KZ-Aufenthalt rechnen. Immer bestand sehr schnell Lebensgefahr, und die Angst trug dazu bei, die Menschen zu zähmen. Warum wir persönlich aber nie in einem Zustand der Angst gelebt haben? Wohl weil wir so fest an die Notwendigkeit dessen, was wir unternahmen, glaubten. Die Gefahr wurde dann Alltag.

Das Leben im Berghaus blieb auch noch lange so, wenngleich mit Beginn des Krieges sich die Art unserer Besucher etwas änderte. Aber der Umfang des Kommens und Gehens blieb ziemlich der gleiche. Es kamen mehr Menschen, um sich zu erholen, zu essen, von den Bomben und den Kriegsereignissen fortzukommen, denn bis Kreisau drang alles nur gefiltert. Helmuth begegnete dem Ausbruch des Krieges im Berghaus, indem

Helmuth James von Moltke im Garten (1938)

er Sorge trug, daß keinerlei Waffen im Haus gehalten wurden. Waffen im Haus während des Krieges könnten nur zu falschem Gebrauch Veranlassung geben. Jagdgewehre habe ich im Berghaus nicht mehr erlebt. Die Jagd war längst aus wirtschaftlichen Gründen an einige Ärzte der Kreisstadt Schweidnitz verpachtet. Ich fand aber noch zwei alte Pistolen, die ich in das Flüßchen Peile geworfen habe.

Die Arbeit für die Zukunft

Krieg! Der furchtbare Versklavungs- und Vernichtungskrieg, von den Nazis vom ersten Tag an vorbereitet, ab 1938 immer drohend, zutiefst gehaßt, gefürchtet und schließlich von Nazi-Deutschland mit dem Überfall auf Polen vom Zaun gebrochen. Das konnte allerdings der Anfang vom Ende der nationalsozialistischen Diktatur in Europa werden. Daran hat Helmuth nur selten gezweifelt. Aber die unbeschreiblichen Opfer dieses Krieges! Es ist ja schließlich so gekommen, wie Helmuth erwartet hatte. Es hat aber doch immer wieder auf des Messers Schneide gestanden. „Selbst wenn Hitler England erobert“, war Helmuths Meinung, „werden die Engländer nicht nachgeben. Der König und die Regierung werden nach Kanada gehen, und die Vereinigten Staaten werden in den Krieg eintreten. Schließlich wird Deutschland besiegt werden.“ Das betraf nur den Westen! Dann kam der Osten noch dazu. Für die Zukunft der Menschlichkeit auf Erden mußte man wünschen, daß die Deutschen besiegt würden, falls es nicht gelang, das Regime, das immer noch von einer Mehrheit der Deutschen bejaht wurde, von innen zu zerstören.

Und was dann? Die Beschäftigung mit dieser Frage, und daß es, wie immer es sich ereignen würde, wirklich ein Danach geben werde, hat vielen Menschen damals Mut zum Weiterleben gegeben. Ansätze zu Gesprächen über dieses Thema gab es im Kreis von Helmuths

Freunden schon vor dem Krieg. Das gilt für Eduard Wätjen, Rechtsanwalt, Horst von Einsiedel, Carl Dietrich von Trotha, Helmuths Vetter. Wätjen verließ zwar später Deutschland, aber bis 1943 beteiligte er sich; von der Schweiz aus versuchte er den Kreisauern zu helfen. Die beiden anderen, zusammen mit Trothas vortrefflicher Frau Margrit, wurden in den Kriegsjahren höchst aktive Teilnehmer, wenn sie auch immer im Hintergrund blieben.

Aber erst ab Januar 1940, als sich Peter Yorck und Helmuth nach langer Zeit in dem so einladenden kleinen Reihenhaus der Yorcks (Hortensienstraße 50, Berlin-Lichterfelde), dessen schmaler, langer Garten bis an die Geleise der S-Bahn stieß, wiedergetroffen und in ihrem Ziel gefunden hatten, begannen sie sich systematisch mit diesem Thema zu befassen. Und wirklichen Impetus bekam der erste Schritt, die Suche nach Menschen, die bereit waren, sich an so etwas zu beteiligen, erst mit dem deutschen Sieg über Frankreich im Sommer 1940, auf dem Höhepunkt der deutschen Kriegserfolge – nicht etwa erst, als erkennbar wurde, daß Deutschland den Krieg verlieren würde. Es war damals wirklich ein Glaubensakt, sich mit dem Danach zu beschäftigen, und sicher auch ein Akt der Selbsterhaltung, der Erhaltung der eigenen Integrität. Es war wohl zu diesem Zeitpunkt, daß zwischen uns, Helmuth und mir, ausgesprochen worden ist, daß wir diesen Einsatz gemeinsam tragen wollten.

Mit Kreisau hatte das zunächst nichts zu tun. Helmuth war in das Oberkommando der Wehrmacht, (Spionage-)Abwehr, Abteilung Ausland, als Sachverständiger für Kriegsrecht und Internationales Öffentliches Recht gleich zu Beginn des Polenfeldzugs kriegsdienstverpflichtet worden. Erst Weihnachten kam er zum ersten Mal wieder nach Kreisau, danach in größeren Abständen immer wieder. Ich konnte ihn aber im Laufe des Krieges von Zeit zu Zeit auch für ein Wochenende in Berlin besuchen. Helmuths einzige Schwester, Asta, ermöglichte mir das.

Asta, die in Berlin als Innenarchitektin tätig war, kam, um nicht möglicherweise zu einer anderen Kriegsarbeit eingezogen zu werden, mit Ausbruch des Kriegs wieder nach Kreisau und arbeitete längere Zeit im Gutsbetrieb mit. Da viele unserer besten Arbeiter natürlich Soldaten wurden, fuhr sie lange Zeit in Kreisau Trecker. Das heißt: Sie saß auf ihrem Trecker und zog die entsprechenden Geräte über das zu bestellende Land; sie pflügte, eggte, säte, je nachdem. Welche Arbeitskräfte der Gutsbetrieb zur Verfügung hatte, wurde im Krieg eine brennende Frage. Schon im Sommer 1940 fuhr Zeumer nach Polen – er sprach polnisch –, um dort freiwillige Arbeiter anzuwerben. Es zogen daraufhin mehrere polnische Familien zu uns. Um Weihnachten herum kehrten sie jedes Jahr nach Polen zurück. Wir waren jedesmal besorgt, ob sie zur rechten Zeit für die Frühjahrsbestellung wiederkommen würden. Aber das geschah in der Tat jedes Jahr. Diese Familien waren alle noch in Kreisau, als Schlesien polnisch wurde und wir wegmußten.

Im großen Nachbardorf Gräditz entstand im Krieg ein Arbeitslager. Dort lagen zuerst französische Kriegsgefangene. Einige von diesen haben auch für uns bei Arbeitshochdruck gearbeitet. Später kamen russische Kriegsgefangene, die offensichtlich schlechter behandelt wurden, so daß wir mittags für sie im Hof Suppe kochten. Lange sind die Russen nicht bei uns geblieben. Schließlich waren in dem Arbeitslager auch Juden. Sie haben nie bei uns gearbeitet, aber wir haben sie eine Zeitlang in Kreisau an dem Flüßchen Peile gesehen, das manchmal große Überschwemmungen in der ganzen Gegend erzeugte, denen man durch Veränderungen in seinem Lauf abhelfen wollte. Sie trugen die gestreiften Anzüge der KZ-Insassen und wurden von einem Juden bewacht – auch er in KZ-Kleidung. Wir wußten damals noch nicht, daß sie Arbeit taten, die schließlich mit ihrem Tode enden würde.

Astas Anwesenheit in Kreisau ermöglichte mir also, gelegentlich nach Berlin zu fahren, und so kam es, daß ich die meisten derer, die bereit waren, sich an den Plänen für ein Danach zu beteiligen, schon in Berlin kennen- und schätzen lernte. Helmuth gab etwas auf mein Urteil über Menschen. Es war ja eine Vertrauensfrage erster Ordnung. So fragte er mich auch eines Tages, ob nicht Konrad Adenauer, den ich als Oberbürgermeister von Köln durch seine freundschaftliche Beziehung zu meiner Mutter näher erlebt hatte, geeignet sei, in dieser Gruppe mitzuarbeiten. Wie jung wir waren, beweist meine Antwort, er sei dafür schon zu alt! Ich war aber überrascht und beeindruckt von der Vielfalt und Qualität der Männer, die ich damals traf, von denen jeder über andere und besondere Kenntnisse und Erfahrungen verfügte, die er in die Diskussionen einbrachte. So traf ich auch Berthold Stauffenberg, Claus Stauffenbergs älteren Bruder, einen auf internationales Recht spezialisierten Juristen. Er war ein stiller, nachdenklicher, ernster, schwerblütig wirkender Mensch und im Gegensatz zu seinem jüngeren Bruder ganz unsoldatisch. Er hatte in Berlin eine ähnliche Kriegsverpflichtung beim Oberkommando des Heeres

Peter Graf Yorck von Wartenburg (1939 Polenfeldzug)

wie Helmuth. An der Arbeit der Kreisauer Gruppe hat er nicht teilgenommen.

Mit Yorcks kam es zu einer nahen Freundschaft zwischen den Ehepaaren – eine besonders schöne Freundschaftsbeziehung –, die über viele Jahre für uns sehr kostbar war. Peter Yorcks Rolle ist in der Beschreibung der Gewichte innerhalb des Kreisauer Kreises immer zu kurz gekommen. Das liegt wohl auch an seinem eigenen Wesen. Er neigte dazu, sich selbst zurückzunehmen und eher im stillen zu wirken. Seine sammelnde und integrierende Rolle in der Gruppe war bedeutend. Seine Frau Marion hat ihn das Herz der Gruppe ge-

Marion Gräfin Yorck von Wartenburg (1946)

nannt. In ihm lernten Helmuth und ich konservatives Leben verstehen und achten, denn er war dabei weitherzig und von großer Toleranz. Neben ihm stand dann das rastlose Drängen, das Helmuth in dieser Arbeit entwickelte! Eugen Gerstenmaier beschreibt ihre verschiedenen Rollen in seinem Lebensbericht treffend mit den Worten: „Vielleicht ging es Helmuth Moltke um eine neue Gesellschaft. Peter Yorck ging es um das schlichte Gebot sozialer Gerechtigkeit."

Es ist bekannt, daß es Helmuth und Peter Yorck von Anfang an daran lag, eine möglichst breit angelegte Gruppe von Gegnern des Regimes zusammenzubringen, damit Vertreter möglichst vieler verschiedener prinzipieller Gegner der Nazis zu Worte kommen könnten. Unbedingt mußten Sozialdemokraten dabei sein, und unbedingt mußte Verbindung zu Gewerkschaftern gesucht werden, damit die Arbeiter in den Diskussionen vertreten waren. Es gelang, Adolf Reichwein zu gewinnen, der Sozialdemokrat war. Reichwein war, wie Helmuth und Peter Yorck und mehrere andere, die sich anschlossen, in den späten zwanziger Jahren in Schlesien Teilnehmer der „Löwenberger Arbeitslager" für Arbeiter, Studenten und Bauern gewesen. Diese Arbeitsgemeinschaften waren von Helmuth, Carl Dietrich von Trotha und Horst von Einsiedel, damals Studenten in Breslau, inspiriert von ihrem Lehrer Eugen Rosenstock-Huessy, ins Leben gerufen worden mit dem Ziel, sich mit der Not der Arbeiter in den Waldenburger Kohlenbergwerken zu befassen. „Arbeitslager" war damals die unschuldige Bezeichnung für eine unschuldige Aktivität. Jetzt versteht man unter „Arbeitslager" die schrecklichen Lager der Nazis und muß die unschuldigen „work camps" nennen. Reichwein gewann Carlo Mierendorff und Theodor Haubach für die Gruppe, beide bis 1933 Reichstagsabgeordnete der SPD und dann lange im KZ. Und es bestand Verbindung zu Wilhelm Leuschner, dem früheren bekannten Gewerkschaftsführer. Es wurden Aufgaben verteilt, die sich mit Einzelfragen zu dem großen Thema befaßten: Wie kann eine neue deutsche Demokratie funktionieren? Wie kann man aus den Deutschen Demokraten machen? Warum hatte die Weimarer Republik ein so schlechtes Ende genommen? Der Aufbau des Reichs, die Wirtschaft, die Schulen und Universitäten, die Bestrafung der Kriegsverbrecher und die Wiedergutmachung. Wie kann Europa zusammenwachsen? Das alles wurde von 1940–1943 besprochen. Teilnehmer mit voneinander abweichenden Vorstellungen trafen sich in Zweier-, Dreier-, Vierergruppen. Es herrschte durchaus nicht immer Einigkeit. Das Vertreten verschiedener Standpunkte und die Kompromisse, zu denen man dann kommen muß, kennzeichnen die Arbeitsweise der Kreisauer und gehören zum Wesen der Demokratie.

Die meisten dieser Gespräche haben von 1940 bis 1943, und zwar ständig, bei Yorcks in der Hortensienstraße stattgefunden, immer begleitet und bewirtet von Marion Yorck. Ihr half Maria Krause, eine andere wunderbare Schlesierin. „Mariechen" hat fast ihr ganzes Leben lang in Freundschaft und Treue zuerst Peter und Marion und später Marion zur Seite gestanden. Sehr viele Gespräche haben allerdings auch in Helmuths kleiner Wohnung über der Garage in der Derfflingerstraße 10 stattgefunden. Kreisau hat für diese Zusammenkünfte nur das Essen geliefert. Auch Helmuth hat seine Gesprächsfreunde dank Kreisau immer bewirten können, während des Krieges eine besonders angenehme Zugabe.

Es muß hier aber auch berichtet werden, daß wir uns streng an die Vorschriften der Lebensmittelrationierung hielten. Für uns galten die Regeln für „Selbstversorger". Wir konnten es uns nicht leisten, wegen Verstoßes gegen notwendige Vorschriften bequemen Ansatz für Kritik oder Verfolgung zu bieten. Üppig ging es bei uns durchaus nicht zu, aber es gab reichlich Kartoffeln, schönes Gemüse, Obst, Mehl, Eier. Es gab Milch, Butter und Geflügel beschränkt, und ein dickes Schwein im Jahr.

Ostdeutsches Schweineschlachten – daran habe ich mich nie so ganz gewöhnen können! Das im Hof getötete Schwein kam in unseren Keller, ein Schlächter zu uns ins Haus, es zu zerlegen und zu verarbeiten; und es wurde von einer Landfrau verlangt, die Teile dieses Tieres auf Fleisch, Wurst, Schinken, Speck und Schmalz kenntnisreich und weise zu verteilen, so daß sie sich auf ein ganzes Jahr oder doch längere Zeit strecken ließen. Aber da gab es ja zuerst noch Mamsell mit festen Ansichten zu diesen Fragen. Das half. In großen Waschkesseln wurden Wurst und Wellfleisch gekocht, und auf langen Brettern lag das zerlegte rohe Fleisch. Das Ganze galt als eine Art Volksfest mit Wellfleisch und Würstchenessen!

Was die Besprechungen in Berlin anging, so entstand mit der Zeit unter den Teilnehmern das Bedürfnis, mit mehr Ruhe und in etwas größerem Kreis einen Konsens herbeizuführen und das Beschlossene schriftlich niederzulegen, damit es auch von hinter den einzelnen Teilnehmern noch bestehenden Gruppen oder früheren Angehörigen der von den Nazis zerschlagenen politischen Gruppen besprochen und der Konsens so erweitert werden bzw. Änderungen vorgenommen werden konnten. Größere Zusammenkünfte wären in Berlin zu sehr aufgefallen.

Aus dem bisher Erzählten ergibt sich, daß dafür die Landhaushalte viel besser geeignet waren. Außer in Kreisau ist auch einmal in Klein Öls, dem großen schlesischen Landbesitz der Familie Yorck von Wartenburg, über wirtschaftliche Fragen und zweimal in der Mark Brandenburg in Groß Behnitz bei den Ernst Borsigs über landwirtschaftliche Fragen getagt worden. Auch bei allen diesen Treffen auf dem Land war die Zahl der

Anwesenden nicht groß. Die Zusammenkünfte auf dem Land waren im Grunde nur eine Erweiterung der Begegnungen, die dauernd in Berlin stattfanden. Manche sehr aktive Teilnehmer sind nie nach Kreisau gekommen, wie zum Beispiel Carlo Mierendorff, der nach seiner Entlassung aus dem Konzentrationslager immer stark überwacht blieb und der es daher nicht wagen durfte und von Haubach in Kreisau vertreten wurde, oder Hans Bernd von Haeften, der sich dort von Adam von Trott vertreten fühlte – beide im auswärtigen Dienst.

So also kam es zu den Zusammenkünften in Kreisau. Es hat nur drei gegeben. Aber diese drei langen Wochenenden haben uns den Namen „Kreisauer Kreis" eingetragen, obwohl die Hauptarbeit in Berlin geleistet worden ist und die Hortensienstraße 50 eher als Mittelpunkt bezeichnet werden kann als Kreisau. Das Ganze ist aber tatsächlich immer ein loser, informeller, namenloser Zusammenschluß gewesen. Es ist wahrscheinlich, daß einer der Unsrigen, Theo Haubach, die Bezeichnung „Kreisauer Kreis" in einem Verhör nach dem 20. Juli 1944 zum ersten Mal ausgesprochen hat. Dann hat der Sicherheitsdienst der SS (SD), der die Vernehmungen unter sich hatte, den Namen aufgegriffen. Der SD hat für die verschiedenen Widerstandsgruppen recht bezeichnende Namen gefunden. Zum Beispiel nannten sie den Kreis um Gördeler „Barock", denn ihm gehörten ältere Personen an; den Kreis um Harnack und Schulze-Boysen „Rote Kapelle" – in ihm waren viele, wenn auch durchaus nicht nur, Kommunisten vertreten.

Helmuth hat die Bezeichnung „Kreisauer Kreis" wohl nie mehr vernommen. Ich hörte die Bezeichnung zu meiner Überraschung zum ersten Mal aus dem Mund eines Beamten im Justizministerium, als ich, begleitet von Carl Dietrich von Trotha, nach Helmuths Verurteilung dort ein Gnadengesuch einreichte. Sicher, unsere Widerstandsgruppe hat einen eigenen Namen verdient. Auch, daß Kreisau ihr den Namen gegeben hat, erscheint mir letzten Endes nicht unangemessen, denn der Hauptbeweger, der eigentliche Motor des Ganzen, war der Kreisauer. Und alle Mitglieder der Gruppe haben die Kreisauer Zusammenkünfte mit ihrer zusammenfassenden Arbeit als besonders markant empfunden.

Im Sommer 1941 hatten die deutschen Armeen Rußland angegriffen. Helmuth machte sich in der Folge keine Illusionen mehr über die Zukunft des Ostens Deutschlands. Wenn ich zurückhaltend mit einem schönen Glas Marmelade oder einer Wurst war, sagte Helmuth „Aha, das willst du für Herrn Serpuchow aufheben!" – den imaginären Russen, der dann in Kreisau sitzen würde. Auch haben wir im Herbst 1941 den Maler Karl Schmitt-Rottluff, mit dem wir bekannt waren, eingeladen, und ihn gebeten, in Kreisau zu malen. Helmuth meinte, die Bilder würden uns als Erinnerung an Kreisau vielleicht erhalten bleiben. Das ist in der Tat so; wir besitzen viele von diesen Aquarellen noch, starke Bilder von einer zarten Landschaft.

Das erste Wochenende in Kreisau fand Pfingsten 1942 vom 22.–25. Mai statt. Helmuth hätte seine Mitarbeiter zu einem langen Wochenende eingeladen, hieß es. Sie kamen alle mit der Bahn, aber nicht alle mit dem gleichen Zug. Einige unserer Besucher stiegen direkt in Kreisau aus und wurden von uns mit einem kleinen Leiterwagen für das Gepäck abgeholt. Am Freitag-

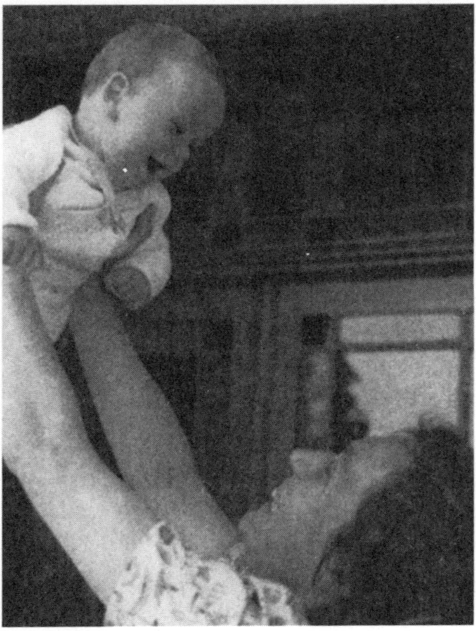

Freya von Moltke mit ihrem Sohn Konrad auf der Veranda des Berghauses (1942, 14 Tage nach dem ersten Treffen in Kreisau)

abend kam noch ein volles Taxi mit jenen, die mit dem Eilzug bis Schweidnitz gefahren waren, der schnellsten Verbindung am Tage von Berlin aus. Und so wiederholte es sich an den beiden weiteren Kreisauer Wochenenden. Zu diesem ersten kamen außer Helmuth und Peter mit Marion und seiner Schwester, der Ärztin Dr. Irene Yorck, genannt Muto, Adolf Reichwein, Theodor Steltzer, Harald Poelchau, Hans Peters und Pater Augustin Rösch.

Unser Haus war voller Kinder. Seit September 1941 hatten wir einen zweiten Sohn, Konrad. Außerdem hatten wir noch zwei der Kinder meines Bruders Hans zu Besuch und den Sohn von Freunden aus dem Rheinland – wo die Bomben schon fielen –, der ständig bei uns war. Und es gab ja auch noch uns Frauen: Marion, Muto, Asta und mich. So sah das Ganze wie ein normales großes, gastliches Wochenende aus. Vielleicht war für dieses erste Treffen in Kreisau auch günstig, daß meine Schwägerin Asta genau eine Woche später in Kreisau heiraten wollte. Das war bekannt und ein Kommen und Gehen daher zu erwarten. Keine der Kreisauer Zusammenkünfte war eine reine Arbeitstagung. Es gab zwischendurch in kleinen Gruppen die schönsten Spaziergänge. Und sonntags gab es Kirchgänge zu Fuß nach Gräditz, wo jeder in seine Kirche gehen konnte. Es herrschte an diesem ersten Wochenende in Kreisau eine ganz gelöste Atmosphäre. Es wurde auch viel gelacht. Ich denke dann heute gleich an Harald Poelchau, der tagaus tagein als Gefängnispfarrer im Gefängnis Tegel in Berlin politischen Gefangenen beistand und viele von ihnen bis zur Hinrichtung begleitete. Er war dabei ein fröhlicher, ich möchte sagen ein mozartischer Mensch. Er half nicht nur den politischen Gefangenen, sondern er half auch, versteckte Juden in Berlin zu ernähren. Jedenfalls schickten wir ihm mehrmals Säcke mit getrockneten Erbsen, die unsere Landwirtschaft erzeugte und die er verteilte. Und dann Pater Rösch! Ich sehe ihn noch vor mir, wie er voller Heiterkeit erzählte, wie man sich bei einem Gestapoverhör verhalten müsse, sozusagen der Gestapo ein Schnippchen schlagen könne, wozu man aber unbedingt seinen Schutzengel brauche. Gutes Essen spielte auch eine Rolle, was sich natürlich aus den damaligen Kriegszeiten ergibt. Das bedurfte allerdings vorher einer sehr sorgfältigen Planung. Ich erinnere mich, daß meine Gäste begeistert von unseren schlesischen Mohnstollen waren. Nach jedem der drei Wochenenden hörte ich, wie schön es gewesen sei.

Daß unser Kreisau so lange eine friedliche Insel geblieben ist, wirft die große Frage auf, inwieweit man in solchen Zeiten überhaupt berechtigt war, noch so friedlich zu leben. Gewiß, der Kreisauer Friede war eine Voraussetzung für Helmuths unermüdliche Kräfte, die er in diesen Jahren wirklich eingesetzt hat. Ja, ich billigte und unterstützte Helmuths Einsatz und gewann so für mich eine gewisse eigene innere Freiheit. Gewiß, wir erzeugten Lebensmittel für die Allgemeinheit, die notwendig waren. Aber ein gewisses den Kopf-in-den-Sand-Stecken brauchte ich und übte ich auch, denn sich vorzustellen, was vor sich ging, war nicht auszuhalten. Und ich schützte mich. „Guck nicht um Dich und tu Deine Arbeit“, war im Grunde auch Helmuths Rat an mich. Aber ich kann daher bis zu einem gewissen Grad nachvollziehen, was viele Deutsche taten, die nicht wissen wollten, was in ihrem Namen geschah, die es nicht aushalten konnten hinzugucken und lieber nichts wissen wollten und sich dann schließlich sogar vormachten, nichts zu wissen. Entschuldigen tut uns das nicht.

Im Berghaus, wo wir tagten, konnten wir nur noch die Yorcks zum Schlafen unterbringen. Ich glaube, wir haben auch noch Pater Rösch bei uns behalten. Er schien uns eine sehr verehrungswürdige Person. Als noch junge Leute waren wir ganz stolz darauf, daß der Provinzial der Jesuiten, der Oberste der süddeutschen Jesuiten-Provinz, sich die Mühe machte, zu uns zu kommen. Die anderen vier Männer waren bei den ver-

Das Berghaus

witweten Tanten unten im Schloß untergebracht. Dort frühstückten sie auch und kamen danach zu uns herauf.

Das Berghaus, so bescheiden es von außen aussah, hatte unten eine Reihe bequemer großer Wohnzimmer, hohe Räume. Dafür gab es auf dem ersten Stock viele relativ kleine Zimmer; desgleichen unter dem Dach. Wir tagten in den Wohnzimmern und aßen auch alle Hauptmahlzeiten im Eßzimmer des Berghauses. Helmuth hatte strikte Anweisung gegeben, daß bei den Mahlzeiten kein politisches Wort fallen dürfe. Ich hatte Hilfe bei den Kindern, und zwei junge Frauen aus dem Dorf kochten für uns und bedienten uns – Mamsell war leider 1939 schon gestorben. Marion, Muto, Asta und ich waren immer dabei, verfolgten alles, was vorging, beschränkten uns aber bei den Sitzungen auf Zuhören. Marion und ich waren aber durch den nahen Kontakt

Das Berghaus. Sitzend Helmuth James von Moltke

mit Peter bzw. Helmuth gut orientiert. Später, als alles vorüber war, auch der Staatsstreichversuch am 20. Juli 1944, und für uns der Ablauf des Geschehens schon feststand, hat dann doch eine der beiden Helferinnen die Treffen an den Wochenenden angezeigt. Wenn sie zur Folge hätten, wie sie annahm, daß dadurch noch mehr deutsche Soldaten sterben müßten, sei es doch richtig, diese merkwürdigen Wochenenden anzuzeigen.

Für jedes der drei Wochenenden in Kreisau gab es bestimmte Themen. Für jedes Thema gab es Referenten. Sie waren jeweils gut vorbereitet. Es waren verhältnismäßig harmlose Themen für dieses erste Wochenende gewählt worden. Falls doch etwas herauskäme, ließen sie sich einigermaßen verteidigen, ohne daß es gleich um Hochverrat gegangen wäre. Die Themen waren: Schulen und Universitäten und das Verhältnis von Kirche und Staat. Aber die Beteiligten hielten auch beide Themen für zentral wichtig. Was Schule und Hochschule betrifft, bedarf das angesichts der zerrüttenden Wirkung des NS-Regimes keiner Erklärung. Adolf Reichwein, der bis zu seiner Absetzung Lehrer ausgebildet hatte, dann sechs Jahre lang Dorfschullehrer in Tiefensee bei Berlin gewesen war und nun im Volkskundemuseum in Berlin arbeitete, referierte über Schulen. Obwohl die Gruppe eindeutig für Trennung von Kirche und Staat war und auch in Kreisau Einigkeit über die Schulpläne herrschte, wollten im weiteren Kreis der Katholiken viele an einer Bekenntnisgrundschule festhalten.

Helmuth referierte dann über eine Reform der Universitäten. Wieder: Angesichts des fast völligen Versagens der Universitäten als Bollwerk gegen den NS-Staat war auch das eine wichtige Frage. Die Themen wurden diskutiert, zwei der Anwesenden formulierten die jeweils erreichten Ergebnisse. Diese Zusammenfassungen wurden dann dem gesamten Kreis vorgelegt, noch einmal diskutiert und abgestimmt. Zu Kirche und Staat: Steltzer, der Älteste unter uns, vor seiner Absetzung 1933 Landrat in Schleswig-Holstein, leitete die Diskussion. Peters, Professor für Öffentliches Recht in Berlin, jetzt aber dort kriegsdienstverpflichtet, sprach über das Konkordat, das Hitler 1933 mit der katholischen Kirche abgeschlossen hatte. Er und Rösch sprachen als Katholiken, Steltzer und Poelchau als Protestanten.

Aus verschiedenen Gründen war auch das ein wichtiges Thema. Es war schon allein bedeutsam, daß da bei uns ernsthafte Katholiken und ernsthafte Protestanten, Vertreter der beiden großen, seit der Zeit der Reformation in Deutschland gespaltenen Kirchen, zusammensaßen und diese Fragen gemeinsam angingen. Dazu trug natürlich der gemeinsame tiefe Gegensatz zum NS-Regime bei, in dem sie einig waren. Auch zwischen den Kirchen und den Sozialisten hatte immer eine tiefe Kluft gelegen. Gegenüber der industriellen Revolution hatten die Kirchen versagt. Es war Poelchau, der dafür eintrat, daß die Kirchen sich mit sozialen Reformen befassen müßten, anstatt Menschen abzuweisen, nur weil sie Sozialisten waren. Er hat immer engen Kontakt mit Arbeitern gehabt.

Fragen des Glaubens waren oder wurden aber für fast alle Angehörigen der Gruppe auch persönlich lebenswichtig. Auch wenn sie keine Kirchenchristen waren, war es der Glaube an göttliches Wirken, und zwar der im christlichen Erbe wurzelnde Glaube, der ihnen die Grundlage und den Mut gab und auch die Pflicht auferlegte, der Zerstörung fundamentaler, aus dem Christentum gewachsener Menschlichkeit durch den Nationalsozialismus entgegenzutreten und dafür ihr Leben einzusetzen. Aber für sie ging es nicht nur um ein großes Erbe, aus dem trotz aller Untaten der Kirche und der Christen durch die Jahrhunderte auch unsere abendländischen Kostbarkeiten gewachsen waren, sondern sie glaubten auch an die Zukunft des Christentums. Das Christentum hat eine Art, wenn es gerade bankrott zu sein scheint, neu und anders wieder lebendig zu werden. Daran glaubten sie. Ein Glaube bewährt sich im Tun. Die Menschen hängen vielen Göttern an und sind immer in Gefahr, von falschen Göttern verführt zu werden – wie damals von den falschen Göttern des Nationalsozialismus.

Das war das erste der Kreisauer Wochenenden. Ich erinnere mich auch noch daran, daß am Sonnabend nachmittag mein älterer Sohn, im fünften Lebensjahr, mit einem umgedrehten Kinderrad „Mühle" gespielt und seinen Zeigefinger in eines der sich drehenden Räder manövriert hatte. Die Spitze des Fingers schien mir fast ab zu sein. Schnell zu Schwester Ida! Sie meinte: „Wenn wir es fest zusammengedrückt verbinden, heilt das wieder zusammen." Und so geschah es; man sieht heute noch etwas davon, aber nicht viel.

Ehe es zu dem zweiten Kreisauer Wochenende am 16.–18. Oktober 1942 kam, hatten hauptsächlich in Berlin, aber auch in München und Stuttgart viele Besprechungen über das Ergebnis des ersten Wochenendes und die Vorarbeit für das zweite stattgefunden. Das kommt deutlich in Helmuths Briefen an mich aus diesem Sommer zum Ausdruck. In den täglichen Briefen, die nicht nur er von mir *aus* Kreisau, sondern die ich auch von ihm *in* Kreisau empfing, steht in diesen Jahren erstaunlich viel von den Tätigkeiten der Freunde. Auch das konnten wir uns leisten. Unser Postamt bestand aus einer Frau und ihrem Sohn, dem Briefträger, beide Kreisauer. Die Briefe aus Berlin erreichten mich immer binnen ein oder zwei Tagen. Das blieb so bis zum Ende. So war es auch umgekehrt, und meine Briefe waren außerdem vollkommen harmlos.

Nach Kreisau kamen dieses Mal außer den Kernpersonen Yorck und Moltke der Wirtschaftsexperte Einsiedel, der die Trothas mitvertrat, Haubach, Steltzer, Peters. Neu hinzu kamen der Theologe Eugen Gerstenmaier aus Württemberg und der Münchener Jesuitenpater Alfred Delp, von Rösch aus München entsandt. Der Gewerkschafter Leuschner hatte Hermann Maass, einen früheren sozialistischen Jugendführer, als Vertreter der Gewerkschafter in den Kreis delegiert. Maass kann man aber nicht als Mitglied der Kreisauer bezeichnen. Das würde er auch gar nicht geschätzt haben. Er ist immer der Gruppe gegenüber mißtrauisch gewesen, traute vor allem den Motiven der aus adeligen Familien stammenden Beteiligten nicht. Von uns Frauen fehlte Asta. Ihr Mann, Wend Wendland, auch ein guter Nazigegner, jetzt Soldat, der sich aber dagegen wehrte, in Hitlers Armee Offizier zu werden, hatte sie gebeten, nicht mehr zuzuhören. Es sei zu gefährlich, und sie könne ja doch nicht viel mehr tun, als zuzuhören.

Für den Herbst waren ursprünglich zwei Treffen auf dem Land vorgesehen, eines Ende September in Klein Öls bei Yorcks und eines Ende Oktober in Kreisau, eines für Staats- und das zweite für Wirtschaftsaufbau. Aber Peter und Helmuth schienen zwei Treffen so dicht hintereinander doch zu gefährlich. Darum legten sie beide Themen zusammen nach Kreisau. Das erwies sich als zuviel für ein Wochenende, besonders da Helmuth schon mit der Vorbereitung nicht ganz zufrieden gewesen war.

Das zweite Kreisauer Wochenende war nicht so entspannt wie das erste. Die Arbeit ging bis spät in die Nacht. Sowohl für den Staatsaufbau als auch für den Wirtschaftsaufbau spielten bei den Kreisauern die Themen Dezentralisation und Selbstverwaltung eine große Rolle. Nicht etwa, um zu dem Freiherrn von Stein zurückzukehren, sondern als Mittel, um aus den Deutschen durch Übung von Selbstverwaltung im überschaubaren Bereich bessere Demokraten zu machen und die Fehler der Weimarer Republik zu vermeiden. Die Selbstverwaltung wollten sie auch in den Wirtschaftsaufbau in Form von sogenannten Betriebsgewerkschaften einbauen. Der Betrieb wird in den Kreisauer Erklärungen als eine „Wirtschaftsgemeinschaft der in ihm schaffenden Menschen" bezeichnet, wozu die Mitbestimmung aller Betriebsangehörigen gehören sollte. Die Kreisauer strebten eine neue gerechtere Sozialordnung an. Das waren Fragen, die besonders den gedankenreichen, lebensvollen Pater Delp interessierten. Jedoch widersprach es dem hierarchischeren Aufbau in den Gewerkschaften, an dem Leuschner festhalten wollte. Er war für eine große Einheitsgewerkschaft. Und dahin tendierte auch Maass in Kreisau.

Einsiedel und die Trothas hatten die Vorarbeit für die Fragen des Wirtschaftsaufbaus geleistet und eine Diskussionsgrundlage geliefert. In dem Dokument, das die Beschlüsse festhält, steht auf Grund ihrer Vorarbeit, die europäische Wirtschaft müsse „von den überkommenen nationalstaatlichen Beschränkungen befreit werden", um „das Zusammenwachsen der einzelnen Volkswirtschaften Europas zu einer organischen und gegliederten Einheit herbeizuführen". Die Kreisauer dachten durchweg europäisch. Heute ist das fast selbstverständlich; damals war das neu. Dazu gehört auch, daß sie gemeinsam der Überzeugung waren, der souveräne europäische Nationalstaat sei in diesem Zweiten Weltkrieg an sein Ende gekommen, die Sicherung des Weltfriedens erfordere „die Schaffung einer die einzelnen Staaten umfassenden Ordnung".

Die Zeit war knapp. Es wurden neue Formulierungen vorgeschlagen. Mit Geschriebenem ging man immer sehr vorsichtig um. Es gab von allem nur wenige und sorgfältig gehütete Exemplare. Es wurde bei den Kreisauer Zusammenkünften zu den Themen je eine getippte Vorlage als Diskussionsgrundlage benutzt, die das Ergebnis der verschiedenen kleineren Zusammenkünfte in Berlin darstellte. An solchen Vorlagen wurde dann gemeinsam gearbeitet und geändert. So gingen sie bei dieser zweiten Kreisauer Tagung auch noch einmal auf die Grundsatzerklärung ein, die aus dem Frühjahr des Jahres stammte. Der Hauptteil aller Maschinenschriften ist über die Jahre von Helmuths Sekretärin in Berlin, Katharina Breslauer, ausgeführt worden, die auch ganz genau wußte, was sie tat.

Spaziergänge sind aber bestimmt auch wieder gemacht worden. Das gehörte einfach dazu. Aber es war dies kein so heiteres Wochenende wie das erste. Dafür stand alles zu sehr unter Druck. Obwohl man nicht ganz fertig wurde, war schließlich Helmuth mit dem Erreichten doch zufrieden und besonders mit dem Beitrag der neu Hinzugekommenen, und diese Neuen wiederum waren beeindruckt von dem in Kreisau Erreichten.

Das dritte Wochenende in Kreisau, Pfingsten, vom 12. bis zum 14. Juni 1943, hatte wieder eine ganz andere Atmosphäre. Das hing natürlich auch wieder stark von den Teilnehmern ab, aber auch von den allgemeinen Verhältnissen. Es war diesmal mehr der von außen kommende Druck des fortdauernden Krieges, der Schreckensnachrichten über die Taten der Deutschen. Das alles ließ keine Pfingstwochenendstimmung aufkommen. Allerdings erinnere ich mich nicht mehr, daß wir über die entsetzlichen Verbrechen, die ja überall in vollem Gange waren, vor allem an den Juden, aber auch an Russen und Polen, viel an diesem Wochenende gesprochen haben.

Es kamen außer Yorck und Moltke: Reichwein, Gerstenmaier, Delp, Einsiedel, Trott und neu dazu der Verwaltungsjurist Paulus van Husen. Das Programm war wieder sehr reichhaltig. Es ging um außenpolitische Fragen und den Umgang mit den Kriegs- und Naziverbrechen *nach* dem Zusammenbruch der Nazidiktatur, die Bestrafung sogenannter „Rechtsschänder".

Trott sprach über Außenpolitik. Würde der Westen, der zu diesem Zeitpunkt schon auf bedingungsloser Kapitulation bestand, überhaupt auf Deutsche hören? Was sagten die Russen dazu? Es war schon nach dem Desaster der deutschen Armeen vor Stalingrad. Außenpolitik des Kreises hatte auch immer darin bestanden, den Versuch zu machen, mit den Widerstandsgruppen gegen die Deutschen in den besetzten Ländern in Verbindung zu kommen. Die Kreisauer glaubten, das werde nützlich für die Nachkriegszeit sein, da dann Vertreter des Widerstands gegen die Nazis in Europa an die Macht kommen würden, mit denen man zusammenarbeiten könnte. In Holland und Norwegen gelang ihnen eine Verbindung zum Widerstand, nicht aber in Frankreich, obwohl sich dort der in Lille bei der deutschen Militärregierung stationierte Carlo Schmid darum bemühte, dessen Mutter eine Französin war.

Trott hatte mehrmals Nachrichten von dem Bestehen und dem Inhalt einer deutschen Opposition gegen die Nationalsozialisten in Deutschland in die neutrale Schweiz und das neutrale Schweden gebracht. Das Gleiche gilt für Helmuth. Auch er kam nach Schweden, Norwegen, Dänemark und schließlich in die neutrale Türkei. So sind durch ihn auch die Flugblätter der Geschwister Scholl und ihrer Freunde über Schweden nach England gekommen. Aber weder aus England noch aus USA hat es jemals einen Widerhall gegeben.

Husen brachte einen Entwurf über die „Bestrafung von Rechtsschändern" mit, der besprochen wurde. Die Kreisauer wollten, daß auch die Deutschen an der Verfolgung und Verurteilung von Kriegs- und Naziverbrechen beteiligt würden. Sie schlugen Verfahren vor einem internationalen Gericht vor, auf dem Sieger, Neutrale und Deutsche zusammen zu Gericht säßen. Verurteilungen durch die Sieger werden von den Besiegten selten anerkannt. Allerdings wurden dann die Nürnberger Kriegsgerichtsverfahren für die Deutschen doch eine unwiderlegbare erschütternde Grundlage für ihre Aufklärung über deutsche Kriegs- und Naziverbrechen.

Es war Pfingsten. Eine angeheiratete Moltke-Tante, die in Schweidnitz wohnte, wo ihr Mann Richter war, im Krieg aber als Reserveoffizier im Osten, verlangte, uns am Nachmittag zu besuchen. Wir haben es ihr nicht abgeschlagen. Es wäre bei dem gewohnten Ein und Aus, das bei uns üblich war, auffallend gewesen, denn sie hatte Gewohnheitsrechte. Sie war die einzige Nationalsozialistin in unserer Familie. Wir sagten immer: aus Dummheit. Also, sie kam am Nachmittag. Aber so dumm war sie nicht, daß sie nicht merkte, daß unsere Versammlung von „Helmuths Mitarbeitern" eigenartig war. Sie ging mit uns spazieren. Und merkwürdigerweise war es der so eindrucksvolle große und schöne Adam Trott, dem sie Harmlosigkeit nicht zutraute. Und die Ansichten ihres Neffen Helmuth James kannte sie ja auch. Sie äußerte sich entsprechend mir gegenüber, aber ich war sicher, daß sie nichts unternehmen würde. Und so war es auch. Bis zu Denunziation ging der Nationalsozialismus bei ihr nicht, denn sie war eine treue und gute Person.

Das war also das dritte und letzte Kreisauer Wochenende. Ich bin eine für Zukunftsahnungen nicht sehr begabte Person. Aber an diesem Wochenende, das ich im ganzen als ergebnisreich empfunden hatte, dachte ich doch plötzlich – und ich erinnere mich noch an die Stelle im Haus, an der mich das überfiel –: „Weiter wird das nicht führen."

Es ging aber in Berlin doch noch eine ganze Weile weiter. Schon am 17.6. schrieb mir Helmuth: „... um 1.30 war ich zu Hause, wo Eugen schon war und Adam & Haeften zu spät auch kamen. Ich hatte schon bei Husen bemerkt, daß die 4 Tage im Lichte seliger Verklärung schwebten und bei Adam & Eugen war das gleiche der Fall. Das freute mich natürlich sehr, denn in mancher Beziehung ist diese Verklärung wichtiger als das konkrete Ergebnis. Aber auch darüber herrschte allgemeine Befriedigung, besonders bei Haeften, der sehr angetan war."

Im August wurde die Formulierung der Planung in einer weiteren größeren Sitzung in Berlin in manchen Stücken noch verändert und schließlich alles abgeschlossen. Die Dokumente tragen als letztes Datum den 9.8.43. Die ‚Grundsätze für die Neuordnung' wurden mit den ‚Weisungen an die Landesverweser' verbunden. Landesverweser sollten Personen sein, die bereit waren, beim Zusammenbruch in den einzelnen Teilen Deutschlands die innere Einheit auf Grund der Kreisauer Beschlüsse aufrechtzuerhalten und dem Zerfall entgegenzutreten.

Zu den Anweisungen gehörte selbstverständlich die sofortige Aufhebung jeder Diskriminierung aus Gründen der Rasse oder des Glaubens. Diese Forderung steht schon im ersten Dokument der von den Kreisauern niedergelegten Grundsätze und dann wieder in der ‚Weisung an die Landesverweser'. Helmuths Einstellung zu Diskriminierung und Verfolgung, wie gegenwärtig und belastend ihm die deutschen Untaten durch die gesamten Jahre der Herrschaft des Nationalsozialismus waren, geht ganz deutlich aus seinen Briefen aus dieser Zeit hervor. Und darin wußte er sich auch mit seinen Freunden in der Gruppe einig.

Vorsichtig wurden dann in ganz Deutschland zukünftige Landesverweser gesucht und auch einige Personen gefunden, die bereit waren, diese Verantwortung am „Tage X" zu übernehmen, dem Zeitpunkt, an dem, von innen oder von außen besiegt, das Dritte Reich zusammenbrechen würde.

Ich bekam ein vollständiges Exemplar der Dokumente und aller Papiere, die Helmuth verwahren wollte, um sie in Kreisau zu verstecken. Helmuth wollte nicht wissen, wo ich sie verwahrte. Ich versteckte sie in einer Bodenkammer im Schloß und holte sie dort erst im Mai 1945 wieder heraus, als die Russen Kreisau besetzten und sich in dem großen Haus niederließen. Ich nahm sie zu mir ins Berghaus und von dort mit uns fort, als wir Kreisau verlassen mußten.

Von den Plänen ist nichts verwirklicht worden. Einige spätere Regelungen sind mit den entsprechenden Kreisauer Vorschlägen verwandt, aber es besteht keine direkte Verbindung. Zunächst lagen alle Entscheidungen bei den siegreichen Alliierten. Sie waren es, die die Demokratie in der Bundesrepublik wieder einführten. Ganz konkret waren die Kreisauer Pläne auch nur für den „Tag X" und für die „Stunde Null" gedacht. Die Landesverweser sollten beweisen können, daß es trotz des Terrors in Deutschland eine Sammlung von einsatzbereiten Gegnern der Nazis gab, die dem Ende mit einer durchdachten Ordnung begegnen konnten. Für später waren ihnen die Grundsätze, waren die neuen Ansätze, war die Orientierung wichtig, nicht die Einzelheiten. Es waren nur Vorschläge. Aber man muß es ihnen lassen: Die Kreisauer haben die richtigen Fragen an die Zukunft gestellt. Alle ihre Fragen brauchten neue Antworten. Viele dieser Antworten beschäftigen noch heute die Nationen. Aber viele Details der Kreisauer Vorschläge muten, wie zum Beispiel alles, was mit Wahlen zu tun hat, für ein heutiges kritisches Auge nur noch seltsam an und sind nicht mehr nachzuvollziehen. Vieles kann man nur aus der damaligen Zeit und der damaligen Lage verstehen. Hinter den Plänen steht der große prinzipielle Widerspruch der Teilnehmer gegen die terroristische, verbrecherische, Menschen bis zur Vernichtung verachtende Diktatur, der entgegenzutreten sie sich verpflichtet fühlten. Es ist auch eine Tatsache, daß wir im Anblick der schrecklichen Untaten des Dritten Reichs bis zum gewissen Grade in der Illusion lebten, daß mit dem Ende des Naziregimes Unfreiheit,

Unterdrückung und blutigem Terror nicht nur in Deutschland für immer Einhalt geboten werden könnte.

Über unserem Kreisau zogen sich in dem dann folgenden Herbst die Wolken immer mehr zusammen. Es gab viel Unglück in der nahen und in der weiteren Familie. Selbstverständlich hatte auch bei uns der Krieg Spuren hinterlassen. Helmuths jüngster Bruder, Carl Bernd, war als Soldat schon im Jahr zuvor über Afrika mit einem Beobachtungsflugzeug abgestürzt und verschollen. Willo hatte sich mit unser aller Segen bereits kurz vor Beginn des Kriegs unter Schwierigkeiten nach USA abgesetzt. „Einer von uns muß überleben“, hatte Helmuth gesagt. Willo hat dann ein erfolgreiches und nützliches Leben als Architekt in USA verbracht. Jowo, der Kunsthistoriker, war Leutnant der Reserve und während des Krieges in Stäben sowohl im Westen wie im Osten eingesetzt, kam aber gerade noch vor Helmuths Verhaftung mit dessen Hilfe nach Norwegen. So überlebte er auch, ebenso wie wir Frauen.

Es begann jetzt die Zeit der schweren Bombenangriffe auf Berlin. Viele Menschen, viele Behörden verließen Berlin. Es entstanden große Verluste durch Bomben. Das Schloß in Kreisau wurde voll bis unters Dach. Nur die ganz großen Räume blieben leer. Jede Ecke wurde jetzt ausgenutzt. Im Oktober zog noch die Familie Reichwein, die in Berlin durch Bomben alles verloren hatte, hoch oben unterm Dach ein, die unermüdliche Romai mit ihren vier Kindern. Sie fanden sich erstaunlich gut unter sehr mühseligen Bedingungen zurecht und wurden richtige Kreisauer. Wir waren noch einmal eine große Gemeinschaft gut zusammenwirkender, ganz verschiedener Frauen und Kinder, die denen, die damals Kinder waren, sogar in schöner Erinnerung geblieben ist.

Innerhalb der Opposition herrschte große Unruhe. Viele waren der Meinung, es müsse unbedingt etwas geschehen. Das Warten auf den Sieg der Alliierten genüge nicht. Einer der Unruhigsten war Carlo Mierendorff, der lebensvolle, unternehmende Mann, mit dem Helmuth immer besonders leicht übereinstimmte. Ihn tötete im November in Leipzig auf einer Geschäftsreise eine Bombe. Ein schwerer Schlag für die Kreisauer! Leuschner schloß sich ganz der Gördeler-Gruppe an. In Helmuths Briefen an mich hieß er immer „der Onkel". Dafür kam uns aber der kraftvollste Mann der Sozialdemokraten, Julius Leber, näher. Er hieß in den Briefen „Ersatzonkel" oder auch „Neumann". Aber Leber behielt immer Vorbehalte gegen zuviel Theoretisieren bei den Kreisauern. Ich habe ihn nur einmal bei Yorcks erlebt und den starken Eindruck seiner Person nie vergessen. Er war Elsässer und hatte nach dem Ersten Weltkrieg für Deutschland optiert, weil er an dem so wichtigen Prozeß der Demokratisierung Deutschlands mitarbeiten wollte. Im Haus der Yorcks traf Leber dann auch den Oberst Claus von Stauffenberg, einen Vetter von Peter Yorck. Stauffenberg legte großen Wert darauf, mit Leber zusammenzuarbeiten. So kam es zu der geschichtsträchtigen Verbindung, die am 20. Juli 1944 zu dem Versuch eines Staatsstreichs führte. Helmuth hatte die Aussichten für das Gelingen eines Staatsstreichs immer für schlecht gehalten. Er hatte kein Vertrauen in die Leute, die ihn hätten ausführen können. Die Generäle – auch solche, die Hitler und sein Regime haßten – hielt er für hoffnungslos. Und er war auch der Meinung, Hitler müsse sich selbst zugrunde richten. Denn er fürchtete, es werde sonst eine neue Dolchstoßlegende entstehen. Es war eine der großen, erfolgreichen Lügen Hitlers gewesen, die Deutschen hätten den Ersten Weltkrieg nicht an der Front verloren, sondern durch einen Dolchstoß in den Rükken der unbesiegten deutschen Armeen durch die Politiker in Berlin.

Helmuth reiste in diesen Monaten noch viel. Auch er war unruhig. Er hatte das Gefühl, er habe nicht mehr viel Zeit. Bis zum Ende des Jahres war er in Brüssel, Paris, Den Haag, Oslo, Stockholm, Kopenhagen und zweimal in Istanbul gewesen. Auf diesen Reisen verband er wie immer seine zwei Berufe, den seines Amtes im Oberkommando der Wehrmacht und den der Konspiration. Im Amt war er mit für die Abwehr wichtigen Fragen, das gesamte Ausland betreffend, befaßt. Im Rahmen seiner Amtstätigkeit hat er in einer seiner persönlichen jahrelangen Kampagnen zum Beispiel auch versucht – nicht ohne Erfolg –, die deutschen Besatzungen dazu zu bringen, das Erschießen von Geiseln aufzugeben, mit dem Argument, daß das Töten unbeteiligter, unschuldiger Menschen politisch nur negative Folgen für die Deutschen haben könnte. Darüber hat er mehrfach mit den Spitzen der hohen Stäbe im Westen und mit dem SD verhandelt. Jedenfalls im Westen wären ohne ihn noch mehr unschuldige Menschen ums Leben gekommen. In seinem konspirativen Beruf hat er versucht, mit den Widerstandsgruppen der verschiedenen Länder und von den neutralen Ländern aus mit ihm bekannten Personen bei den Alliierten in Verbindung zu kommen. So hat er von der Türkei aus versucht, die Alliierten von der Forderung der bedingungslosen Kapitulation seitens der Deutschen abzubringen. Aber das war unerreichbar. Von seiner zweiten Reise nach Istanbul kehrte er sehr niedergeschlagen zurück.

Im Dezember traf er zum ersten Mal Claus Stauffenberg bei Peter und Marion. Weihnachten kam er noch einmal nach Kreisau, kurz. Es war ein trauriges Weihnachtsfest bei uns. Astas erstes, eben geborenes Kind war gestorben, und unser älterer Sohn war wegen einer Virus-Lungenentzündung in einer Klinik in Breslau.

Am 19. Januar 1944 wurde Helmuth in Berlin verhaftet. Das hatte nichts mit dem Kreisauer Kreis zu tun. Er hatte einen Bekannten, der die Gewohnheit hatte, sich sehr frei gegen das Nazi-Regime zu äußern, vor dessen bevorstehender Verhaftung gewarnt. Helmuths Warnung kam heraus. Darum wurde er in Haft genommen. Nach einigen Wochen in den berüchtigten Kellern der Prinz-Albrecht-Straße, dem Hauptquartier der Gestapo, kam er in ein kleines Gefängnis, das zu dem Frauen-KZ Ravensbrück bei Fürstenberg in Mecklenburg gehörte. Er war nur in „Schutzhaft". Das bedeutete, er hatte leichtere, bessere als normale Haftbedingungen. Er konnte lesen, schreiben, ja sogar noch für das OKW arbeiten. Wir konnten ihn mit zusätzlichen Nahrungsmitteln versorgen. Er trug seine eigenen Kleider. Er hatte eine Lampe und einen eigenen Teetopf.

Ich mußte mir in Berlin bei der Gestapo, genauer dem SD (Sicherheitsdienst der SS), Sprecherlaubnis erbitten. Jetzt hatte ich es zum ersten Mal mit richtigen Nationalsozialisten zu tun. Sie verhielten sich mir gegenüber immer höflich. Mit der Begründung, ich brauchte seinen Rat in Angelegenheiten, die das Gut Kreisau betrafen, konnte ich ihn einmal im Monat besuchen. Ich brachte Unterlagen aus dem Kreisauer Betrieb mit, und wir konnten uns an einem dritten Ort, in der Polizeischule in Drögen, treffen. Er wurde per Auto dorthin gebracht. Ich kam mit der Bahn bis Drögen, und von der Station war es nicht weit zu Fuß. Wir saßen an einem Ecktisch in einer Baracke im gleichen Raum mit einem Gestapobeamten am Schreibtisch. Er ließ uns wirklich erstaunlich in Ruhe, und er goß Tee für mich auf. Den Tee und die Kanne dazu brachte Helmuth aus seiner Zelle mit. Etwa zwei Stunden hatten wir wohl zusammen, und unsere Gespräche wurden nicht abgehört, so daß wir sehr frei sprechen konnten. Wir durften einander auch schreiben, er alle drei bis vier Tage; ich muß wohl weiter jeden Tag geschrieben haben. Alles wurde gelesen, meine Briefe offenbar mit Vergnügen. Jedenfalls wurde ich von dem Beamten, der am Schreibtisch saß, einmal auf meine Gänse angesprochen: Wie sehr er bedauere, daß ich solches Pech mit ihnen gehabt hätte. Ich bemerkte daraufhin zu Helmuth, das seien doch recht freundliche Leute. „Nur daß sie bei Verhören die Nägel ausreißen“, erwiderte er. Ihm ist solches oder ähnliches aber nie geschehen.

Für Helmuth hat Kreisau in den Monaten seiner Haft und bis zum Ende seines Lebens weiter eine große Rolle gespielt. Kreisau, die Gedanken an das schöne Land in allen Einzelheiten, an den Gutsbetrieb, aber vor allem an uns, seine nächste Familie, die er dort noch in Frieden wußte. Das alles wirkte stärkend und tröstend auf ihn. Die Gedanken an Kreisau machten ihm nur Freude, keine Sorgen. Anfang Juli wurde von Entlassung gesprochen, nicht zurück in sein Amt, aber als Arbeiter in eine Munitionsfabrik.

Auf meinen Reisen übernachtete ich jedes Mal bei

Yorcks in Berlin. Marion war jetzt wegen der vielen Bomben, die auf Berlin fielen, mehr in Schlesien. Manchmal waren beide da, manchmal nur Peter. Immer war es ein Labsal, bei ihnen einzukehren und so herzlich aufgenommen zu werden. Ich erinnere, wie Peter einmal, als ich spät am Abend aus Drögen kommend, nach einer Fahrt durch die Trümmer von Berlin, in der Hortensienstraße ankam, noch in den Keller stieg und mich mit einer noch vorhandenen, seltenen, wunderbaren Flasche Wein stärkte.

Dann aber kam der 20. Juli 1944, der Versuch eines Staatsstreichs. Das Attentat auf Hitler mißlang, ebenso der Staatsstreich. Nach den umfangreichen Verhaftungen und Verhören kam schnell heraus, daß Helmuth zur aktiven Opposition gehörte. Einige Tage zuvor, in den ersten Tagen des August, erhielt ich noch einmal eine Sprecherlaubnis. Helmuth war sich der Gefahr seiner Lage und der Lage überhaupt voll bewußt. Ich glaube, es war der Tag, an dem Peter Yorck von dem Freisler-Gericht zum Tode verurteilt und sofort hingerichtet wurde. Vor seiner Hinrichtung in Plötzensee, schon an der Hinrichtungsstätte, hat Peter Harald Poelchau, der als Gefängnispfarrer dort Zutritt hatte, noch mitgeteilt, von der Arbeit der Kreisauer sei in den Verhören nichts bekannt geworden. Aber wenige Tage später kam auch das heraus. Helmuth hatte während unserer letzten Zusammenkunft schon mit mir vereinbart, er werde mich seine Lage wissen lassen, werde mir schreiben, ob eine bestimmte 40 Morgen große Koppel in Kreisau ganz umgepflügt werden solle – dann sei seine Lage hoffnungslos – oder nur zu einem von ihm angegebenen Teil, der dann seine Chancen, wie er sie sah, bezeichnen werde.

Daß die Lage für ihn ernst geworden war, merkte ich daran, daß nur noch ganz kurze Nachrichten kamen – 10 Zeilen waren noch erlaubt, und diese nur noch selten. In einer dieser Mitteilungen stand dann, daß dreiviertel der 40 Morgen in Kreisau umgepflügt werden sollten. Danach hörten die Nachrichten ganz auf.

So beschloß ich Ende September, ohne Sprecherlaubnis nach Drögen zu reisen, um etwas zu erfahren. Ich wurde in der Polizeischule freundlich begrüßt. „Ach, wie gut, daß Sie kommen. Ihr Mann ist gestern nach Berlin verlegt worden, und hier sind alle seine Sachen. Außerdem braucht er einen Anzug." Ich fragte, wohin Helmuth gekommen sei. In das SS-Gefängnis Lehrter Straße, meinte man. Als ich dann den schweren Koffer mit Helmuths Sachen zum Bahnhof schleppte, war mir ganz klar, woran wir waren. In meinen Zug zurück nach Berlin stieg dann ausgerechnet der Gestapomann, der mir immer freundlich begegnet war, in mein Abteil. Im Lauf des kargen Gesprächs fragte ich ihn, nun doch wieder hoffen wollend, ob es schlecht stehe. „Ja, sehr schlecht!" sagte er.

In Berlin ging ich sofort zum Gefängnis Lehrter Straße. Dort war Helmuth schon nicht mehr, weil das Gefängnis eben schweren Bombenschaden erlitten hatte. „Ah, der Lange", sagte der wachhabende SS-Mann zu mir, „der ist nach Tegel gekommen." Das zu hören machte mich für einen Augenblick ganz glücklich. Tegel, das war Harald Poelchaus Gefängnis. Das bedeutete die Möglichkeit der Verbindung mit Helmuth.

Und so war es in der Tat. Fast vier Monate lang konnten wir uns bis zu Helmuths Tod täglich schreiben. Vier Monate lang haben Harald und Dorothee

Poelchau Helmuth und mich unter eigener Gefährdung mit ihrer unerschöpflichen Freundschaft umgeben. In seinen Taschen hat Harald auch bis zum Ende von Helmuths Leben noch Kreisauer Eßprodukte in seine Zelle geschafft. Damals saßen im Gefängnis Tegel von der Kreisauer Gemeinschaft außer Helmuth noch Eugen Gerstenmaier und Alfred Delp. Sie wurden auch von Poelchaus versorgt. Im Gefängnis Moabit saßen viele von unseren Frauen, die aber nach einigen Monaten alle wieder freigelassen wurden. Zur Zeit von Helmuths Tod war Marion Yorck schon wieder frei. Auch für das Gefängnis Moabit war Poelchau als Pfarrer zuständig. So konnte er auch unseren Frauen beistehen – nicht nur mit Honigbrötchen, die er ihnen mitbrachte. So gab es viel Austausch – wie das eben in Gefängnissen doch meist der Fall ist, vor allem vielleicht damals in solchen, die nicht von der SS, sondern von der Justizbehörde betrieben wurden, wie Tegel und Moabit. Aber sogar in SS-Gefängnissen gab es hilfreiche Menschen.

Ich war wohl nicht verhaftet worden, weil ich der Gestapo ja schon gut bekannt war. Ich war in diesen Monaten meistens in Berlin, denn wir erwarteten jederzeit Helmuths Gerichtsverhandlung, aber zu unserer immer erneuten Erleichterung zog sich das mehrmals hinaus. Ich fuhr nur immer wieder kurz nach Kreisau, vor allem um Eßbares zu holen; nur über Weihnachten war ich länger dort. Asta, die nach ihrer Heirat zeitweise woanders gelebt hatte, war jetzt wieder in Kreisau. Jetzt trug sie das alles mit uns. Aber ganz Kreisau gab uns in diesen Monaten unerhörten Rückhalt.

In Berlin wohnte ich bei Carl Dietrich von Trotha, Helmuths Vetter. Peter Yorck war tot, Marion noch im

Helmuth James von Moltke vor dem Volksgerichtshof (1945)

Gefängnis und ihr Haus von einer SS-Familie bewohnt. Trothas Familie hatte auch wegen der Bombengefahr Berlin verlassen. Für Carl Dietrich, dessen Zugehörigkeit zu den Kreisauern niemals entdeckt wurde, war es mutig, mich zu beherbergen, und ich war sehr dankbar. Wegen Helmuth hatte ich ja nun die Ehre, eine „aussätzige“ Person zu sein.

Auch Brigitte Gerstenmaier war frei geblieben. Auch sie war in Berlin, und wir teilten die damalige Not und Ungewißheit. Auch sie genoß die Freundschaft der Poelchaus. Fast täglich holten wir uns Nachrichten und

Trost bei ihnen in ihrer Wohnung in Wedding in der Afrikanischen Straße, tauschten Briefe aus und erholten uns. Oft sind wir zusammen von Poelchaus vom einen Ende Berlins zu unseren jeweiligen Unterkünften am anderen Ende der über uns brennenden Stadt in der U-Bahn und S-Bahn gefahren. So etwas begründet Freundschaft fürs ganze Leben!

Am 10. und 11. Januar 1945 war dann schließlich die Verhandlung vor dem Volksgerichtshof. Helmuth, Delp und Haubach wurden zum Tode verurteilt, wurden aber nicht unmittelbar anschließend an die Verhandlung hingerichtet. Gerstenmaier kam mit einer Zuchthausstrafe davon. Alle kamen noch einmal nach Tegel zurück. Am 23. Januar 1945 wurde Helmuth getötet.

Die letzten Monate in Kreisau

Am 25. Januar 1945 fuhren Marion Yorck und ich von Berlin nach Kreisau. Edith und Henssel brachten uns an die Bahn. Sie hatten schönste Butterbrote für uns, Marion eine Flasche ganz alten Malaga. Die Flasche war in Papier oder in eine Serviette eingewickelt; es sah aus, als wäre es Milchkaffee. Marion und ich saßen dicht zusammen auf einem Zweierbänkchen der dritten Klasse. Wir fuhren gegen den Strom der Flüchtlinge und brauchten daher bis Kreisau genau 24 Stunden, aber in der Erinnerung ist es eine gute Fahrt. Ich glaube, wir waren ganz heiter. In Kreisau wußte noch niemand von Helmuths Tod. Asta hatte Wend da, und mit ihm waren acht oder neun Soldaten gekommen, eine ganze Flak-Einheit. Frau Pick, Helmuths Wirtschafterin in Berlin, war beglückt damit beschäftigt, für alle diese Männer zu kochen. Ulla Oldenbourg mit ihrer Begleitung war schon seit Monaten bei uns, und außerdem Maria Schanda. Marion fuhr gleich weiter nach Nimptsch, wo Muto (Irene Yorck) dokterte, aber gerade mit Diphtherie im Bett lag. Mit Casparchen wurde es mir sehr schwer. Er lag in meinem Bett, wo er geschlafen hatte; ich saß auf dem Rand. Aber es ging vorbei, und am nächsten Morgen, als er sah, daß ich traurig war, sagte er: „Wegen dem Pa? Immer noch?!" Das war wirklich ein großer Trost.

Es war alles durcheinander. Die Russen drangen schnell nach Westen vor. Wir hatten das Haus und das

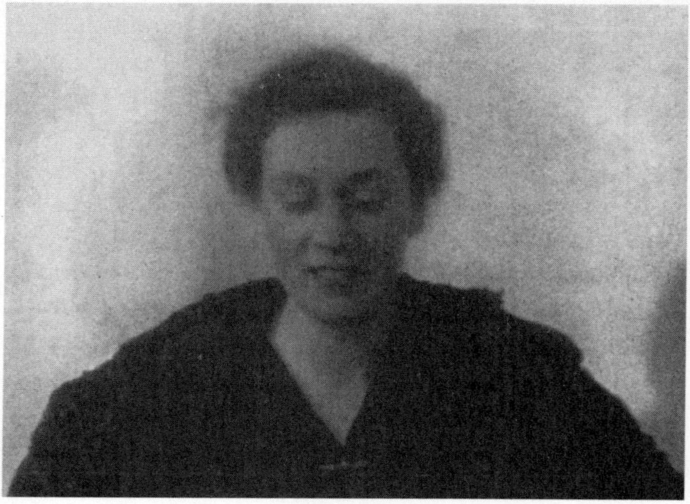

Freya von Moltke (1945/46)

Schloß und das Dorf schon seit mehreren Wochen voller Flüchtlinge von jenseits der Oder. Im Berghaus wohnten sie in den Wohnzimmern. Ihr Wagen stand ausgespannt am Haus, und unten stand der Hof voll von Treckwagen anderer Leute. Es mußte etwas unternommen werden, alle waren unschlüssig. Die Tage erscheinen mir rückschauend wie Wochen, bis die alten Schloßbewohner, die Kinder, die Zeumer-Töchter, die wie Asta ein Kind erwarteten, bis Ulla und ihre Begleiterin, bis Asta selbst mit dem Lazarettzug von Schweidnitz nach Westen abfuhren – es muß in den ersten Februar-Tagen gewesen sein. Wend und seine „Männerchen“, wie Frau Pick sie nannte, waren schon weg. Seine kleine Einheit hatte ein besonders wertvolles „Gerät“ zu schützen. Dieser Auftrag gab ihnen glänzend Gelegenheit, sich immer wieder aus dem Staube zu machen. Bei uns konnten sie ja sowieso nicht bleiben. Es lag Schnee, und wir fuhren in zwei Schlitten nach Schweidnitz, um die Reisenden, die mit dem Lazarettzug abfahren sollten, wegzubringen. Asta saß im ersten Schlitten rückwärts, ich saß im zweiten Schlitten vorwärts, und ich sehe noch ihr trauriges, stilles Gesicht. Immer wieder tauchte es auf, erfüllt von stummer Trauer. Was würde aus uns allen werden? – Dann zog der erste Schlitten an; Astas Gesicht verschwand. Zehn Minuten später holten wir auf, und wieder tauchte ihr Gesicht auf mit dem gleichen Ausdruck. Dann fuhren sie alle ab. Später, im April, bekam ich plötzlich eine Postkarte von ihr, als noch einmal Post aus dem Westen durchkam. Sie war zu den Wendlandschen Verwandten nach Mecklenburg gefahren und brach jetzt von dort nach Holstein auf, um bei Tante Leno ihr Kind zu bekommen.

Wenige Tage, nachdem dieser Schub von Frauen und Kindern aufgebrochen war, rief mich Zeumer am frühen Morgen vom Hof aus im Berghaus an: „Nun ist es soweit!“ sagte er, „unser Dorf muß trecken!“ Frauen, Kinder und Alte sollten in die Tschechoslowakei, Befehl der Partei. Ich war entschlossen, vorerst zu bleiben. Was sollten wir mitten im Winter auf der Landstraße? Noch waren die Russen ja nicht da. Auch hatte Helmuth mir geraten, so lange wie möglich zu bleiben. In Ravensbrück hatte er unsere Lage durch die Fenster mit General Halder besprochen, der in der Zelle neben ihm lag. Sie hielten beide unsere Gebirgsgegend für sicher und glaubten, die Russen würden sie in ihrem Drang, nach Berlin zu kommen, „links“ liegen lassen. Außerdem hatte ich seit kurzem die alte Gräfin Yorck bei mir mit ihrer Tochter Do. Romai Reichwein wollte

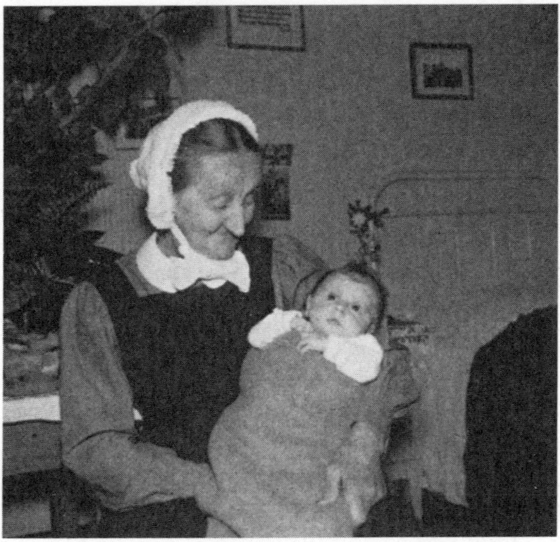

Schwester Ida Hübner

mit ihren Kindern, die noch im Schloß wohnten, auch bleiben.

Aber unten im Hof und auf der Dorfstraße bildete sich an diesem Morgen ein trauriger Zug. Frau Zeumer zog mit. Zeumer, Süßmann – der Gemeindevorsteher – und ich standen im Hof bei den sich bildenden Wagenreihen. Wir behielten nur die Milchwagenpferde und ein paar junge Fohlen – alle anderen Pferde zogen mit. Ich sehe noch unsere „Hofeleute" vor uns, Frau Meyer, die alte Frau Rose, Frau Kaiser und andere. Frauen mit Kindern waren schon im Trecker mit Anhänger weggefahren worden. Aber es lag Schnee auf den Eule-Pässen, die Straßen waren voll von Flüchtlingen, die Anhänger rutschten – wir durften sie nicht zu voll laden. Familie Stäsche, unsere merkwürdigen Gärtnersleute, die neben uns oben auf dem Berghaushügel wohnten, war schon weg. Der invalide Stäsche mit seinem verzerrten Gesicht, der kaum sprechen konnte und schwer hinkte, versicherte immer wieder, er wolle nicht „gemetzelt" werden.

Schwester Ida mit ihren Kindern war am Morgen noch da. Ich hatte ihr zugeredet, sie solle nicht überstürzt mitziehen. Als ich am nächsten Morgen ins Dorf kam, war sie mit allen ihren Pflegekindern weg. Sie hatte einen Sonderwagen der Armee bekommen und diese Gelegenheit ausgenutzt. Sie wurde von den Kreisauern getrennt, kam ziemlich schnell nach Bayern und hatte es im ganzen leicht in dieser wilden Zeit.

Aber mit ihr war die Seele des Dorfes weg. Es tat mir in den folgenden Monaten jedesmal weh, wenn ich an der leeren Spielschule vorüberkam. Wie oft war ich mit und ohne Helmuth bei ihr eingekehrt, hatte in ihren Korbstühlen in ihrem Zimmer gesessen und über die Sorgen des Dorfes gesprochen. Ich höre noch Helmuth „Schwesterchen" fragen, wie es im Dorf denn aussehe. Sie wußte alles. Mit Liebe und großem Verstand beeinflußte sie die Menschen, und mit strenger Hand und schriller Stimme regierte sie die Dorfkinder, die alle durch ihre Schule gegangen waren. Der Feldmarschall hatte die Spielschule gegründet, sie war vom Hof unterhalten worden, bis die große Wirtschaftskrise kam. Dann wurde sie vom Dorf übernommen, und der Gutsbetrieb zahlte nur als größter Steuerzahler weiter mit.

Schwester Ida war mit allen, auch mit den Moltkes, eng verbunden. Gekommen war sie, bevor Jowo geboren wurde. Wenn wir sie aufsuchten, schwätzten wir meist eine ganze Weile, während Kinder an der Tür kratzten und zur „Mamma" wollten – sie erhielt sich und ihren Haushalt durch Pflegekinder, die ihr vom Wohlfahrtsamt zugewiesen wurden –, und nur mit Mühe konnte sie die Kinder abhalten, ins Zimmer zu stürzen. Eines saß sowieso immer auf ihrem Schoß. In ihrem Zimmer lag immer alles in großen Stößen herum. „Gelt, hier sieht's lustig aus?" sagte sie dann und wischte mit ihrer blauen Diakonissenschürze über den Tisch – und wir setzten uns in die Korbstühle. Nun war sie weg, und die Spielschule blieb leer.

Aber ich hatte nicht viel Zeit, darüber nachzudenken, denn nach dem Abgang unserer Dorfbewohner kam fast sofort Davy Moltke mit dem Wernersdorfer Treck. Wernersdorf wurde von den Russen noch erobert, sie mußten also wirklich weg. Davy kam mit ihrem ganzen Cortège – auch von dem Yorckschen Haushalt waren viele bei ihr. Männa von Berlichingen kam, eine Tante der Yorcks, deren Anwesenheit unserem Hause wohltat, die alte Mademoiselle von Mirbachs, die Köchin und Jungfer der alten Gräfin Yorck, die Mamsell und der Hauslehrer der Wernersdorfer. Die Kinder waren schon alle in Mecklenburg. Als Davy mit ihrem Treck eben da war, kamen Marion und Muto aus Nimptsch an. Ich traf sie nahe beim Nieder-Gräditzer Hof. Da kamen sie zu Fuß gegangen, ein Auto hatte sie in der Nähe abgesetzt. Ich war so erleichtert und glücklich, sie zu sehen. Sie blieben in Kreisau. Das Dorf wurde nun auch von deutschen Truppen besetzt. Sie kamen aus Rußland und waren entschlossen, den Russen so wenig wie möglich zu hinterlassen. Aufs Berghaus kam niemand – es lag zu sehr abseits und sah von weitem so unscheinbar aus. Aber unten im Hof gingen die Wellen hoch. – Nach einer weiteren Woche entschloß sich der Wernersdorfer Treck, in die Grafschaft Glatz weiterzuziehen. Nur die alte Gräfin und Do blieben vorläufig bei uns zurück, aber nachdem Davy alle in der Grafschaft gut hatte unterbringen können, holte sie ihre Mutter nach, und wir waren wieder allein. Mir scheint, Marion und Muto kamen und gingen schon damals. Das Berghaus war ihr Hauptquartier. Auch uns bedrängte immer wieder das qualvolle Hin und Her der Frage: „Sollten wir auch trecken?" Die russische Front war etwa zehn Kilometer entfernt. Die Russen böllerten; tageweise war der Lärm beunruhigend und schien näherzukommen. Striegau wurde von den Russen genommen, Wernersdorf war russisch. Aber wir waren in Kontakt mit unserer deutschen Besatzung. Ein Major und ein Leutnant saßen im Blauen Haus an der Straße nach Gräditz, und im Schloß lag eine Verpflegungseinheit, von der die Front ernährt wurde. In allen unseren Scheunen wurde Verpflegung an die Fronttruppen ausgeteilt. Die Abordnungen kamen in ihren russischen Panjewagen und mit Panjepferdchen in schneller Fahrt die Dorfstraße herunter und holten sich im Hof ihre Vorräte. Im Keller, in der alten Küche des Schlosses hingen ganze Rinder, Schafe und Schweine, türmten sich die Würste. In der Halle lagerten Schuhe und Kleider. Das übrige Schloß war aus Respekt vor dem Namen des Feldmarschalls nicht belegt. – Die Kinder liebten die Verpflegungsbelegschaft, denn dort gab es Bonbons. Auch Zeumer war recht zufrieden, denn die Honoratioren der Einheit wohnten bei ihm und ernährten ihn vorzüglich. Diese Leute waren alle fett, vollgefressen und Nazis; sie schwatzten noch vom Sieg und einige Tage später davon, daß auf jeden Fall weitergekämpft werde.

Wir setzten den Feldmarschall und seine Frau in Helmuths und meinem leeren Grab bei. Der Sarg seiner Schwester verblieb alleine in der Kapelle, wo alle drei Särge frei nebeneinander gestanden hatten. Wir versuchten, ihren Sarg über den von Papi zu versenken, aber er ging nicht hinein. Acht Feldwebel in Stahlhelmen wurden abkommandiert, um die Särge herunterzutragen. Schmolke, Süßmann, Zeumer und ich waren zugegen, ebenso der Major und der Leutnant. Es war ganz feierlich und dabei doch so trostlos. Wir gingen oft ins Blaue Haus, um die militärische Lage zu erkunden und weil die Verbindung mit der Armee uns gegenüber der Partei stärker machte. Ein Bewohner des Blauen Hauses suchte uns eines Tages auf und fragte, ob wir bleiben oder wegziehen wollten. Er war entschlossen zu bleiben. Er war ein alter Gegner der Nazis und hatte durch seine Töchter Kontakt mit zwei russischen Arbeitern, die in Wirklichkeit russische Offiziere und Spione waren. Sie waren in Oberweistritz stationiert. Von diesen Russen hatte er ein Schutzschreiben.

Die Männer, soweit sie nicht längst eingezogen waren, blieben weiter im Dorf. Manche der Frauen kamen, als die Front sich nicht mehr in unsere Richtung bewegte, für kurz oder länger schwarz aus der Tschechoslowakei zurück nach Kreisau. Unsere Leute saßen nicht weit von Prag in der böhmischen Ebene in einem Dorf. Im Hof arbeiteten nur noch Polen.

Romai wohnte immer noch oben im Schloß, aber bei Wind und Wetter kam sie am Abend herauf ins Berghaus, um die englischen Nachrichten zu hören. Wir versuchten unseren eventuellen Rückzug für alle Fälle vorzubereiten. Wir lagerten eine Fuhre Kartoffeln, Mehl und ein paar Koffer in Michelsdorf in den Bergen, nahe der Weistriz-Talsperre. Das brachte uns weit in die Berge hinein mit dem Rade. Die Eule-Dörfer waren noch nicht evakuiert, aber in ständiger Sorge, ob es nicht heute, morgen oder übermorgen soweit sein würde. Die Schönheit des Landes genossen wir bei solchen Ausflügen immer wieder in vollen Zügen. Die Russen kamen mit einzelnen Flugzeugen und warfen Bomben. „Otto Müllers“ nannten die deutschen Soldaten diese einzeln wie Mücken fliegenden Flugzeuge. Sie griffen hauptsächlich den Weizenrodauer Flugplatz an. Dort sah man sie von uns aus kreisen und auch Bomben abwerfen. Es sah wie eine Spielerei aus, nicht wie ernste Gefahr. Und doch kamen wir lustig radelnd, Marion, Muto und ich, als ob nichts los wäre, eines Morgens von Ludwigsdorf nach Leutmannsdorf, als dort gerade mehrere Bomben gefallen und mehrere Personen getötet worden waren. Ich sah den Körper einer Frau bei der oberen Mühle auf einem Dunghaufen liegen, und als wir zum Pfarrer kamen, fanden wir dort ein am Kopf schwerverletztes Kind im Sterben liegen. Schön und voller Weisheit wirkte das sterbende Kind; es röchelte, die Mutter weinte, der Pfarrer tröstete. Marion war tief beeindruckt. Wir hatten den Pfarrer nach Adressen von Leuten tiefer im Gebirge fragen wollen, bei denen wir unter Umständen mit den sechs Kindern Unterschlupf finden könnten. Frau Pick war sehr nervös und wollte weg. Sie konnte die Bomben nach ihren Berliner Erlebnissen nicht mehr ertragen und behauptete, genau zu wissen, welche Detonation von einem Geschütz und welche von einer Bombe herrühre. Sie wollte einmal weg, weg, weg, und wenn ich von Weggehen sprach, wollte sie bleiben, bleiben, bleiben. An den Kindern ging das Ganze vollkommen vorüber. Sie spielten, aßen, schliefen und waren völlig unbesorgt. Aber rückblickend erscheint es mir, als ob das alles auch an mir vollkommen vorübergegangen sei. Es ging weiter von Tag zu Tag, aber es war alles wie ein Traum.

Dann kamen ein paar strenge Warnungen von der Parteileitung in Gräditz, ich müsse umgehend Kreisau verlassen, und schließlich die Aufforderung, Kreisau binnen zwei Tagen zu verlassen, sonst würden wir von der Polizei von Ort zu Ort getrieben. Ich fuhr mit dem Rad nach Gräditz zur Parteistelle. Sie residierte gleich neben unserer Fleischerei, wo früher Herr Suhr und später ein junger Fleischer uns das Fleisch verkauft hatten, bis sie beide wegen Schwarzschlächterei zu langen Zuchthausstrafen verurteilt worden waren – sie waren beide keine Nazis. Die Parteistelle lag gegenüber der Ziegelei, in der zuletzt ein Lager von Juden gewesen war. Es herrschte dort ziemliche Unruhe, und der Ortsgruppenleiter sah mich gar nicht gerne. Der Fall Moltke war ihm ganz und gar unangenehm. Er versicherte mir, eigentlich freundlich, sechs Kinder in seiner „Zelle“ seien völlig untragbar, aber Wierischau – das zweite Vorwerk von Kreisau – gehörte nicht mehr zu seiner Zelle und gehe ihn daher nichts an; eine Woche wolle er mir gerne noch geben. So zogen nach einer Woche alle Kinder mit Romai in zwei Zimmer des Wierischauer Gutshauses, das schon leer war. Das ging an sich nicht schlecht. Sie wohnten dort sehr zufrieden und kamen mich im Berghaus, wo wir auch Ostern feierten, oft besuchen.

Dann verlor ich doch die Nerven und beschloß, die Kinder wegzubringen. Romai hatte kurze Zeit zuvor ein leeres Bauernhäuschen in Pommerndorf über Hohenelbe im Riesengebirge, beinahe 1000 m hoch, aufgetan. Es lag aber auf der tschechoslowakischen Seite des Gebirges. Dorthin machten wir uns wirklich nach Ostern auf. Zwei Kastenwagen voller Gepäck, die sechs Kinder, das alte Fräulein Hirsch (die Tochter des Försters), Tante Lenos Bertha, Frau Pick, Romai und ich. Zwei Polen waren unsere Kutscher. Ich hatte immer das Gefühl, dieser Aufwand sei unnötig, hatte aber nicht die Nerven zu bleiben. Ich erinnere mich, daß ich zu Marion und Muto sagte, ehe sie abfuhren, um nach ihrer Familie in Mecklenburg zu sehen, ich müsse „in den falschen Apfel beißen". Und wir bissen. Am ersten Tag zogen wir bis Michelsdorf, am zweiten bis Friedland, am dritten bis Trautenau. Dort blieben die Kinder mit Frau Pick und Romai im Hotel und kamen am nächsten Tage mit der Bahn nach Hohenelbe nach. Hier herrschten noch geregelte Verhältnisse. Diese Gegend hinter den Bergen, schon in der Tschechoslowakei gelegen, war in jeder Hinsicht vom Kriege verschont geblieben. – Der Treck war schön. Der Frühling kam, das Wetter war trocken und sonnig. Langsam und sicher rollten unsere beiden Wagen hoch beladen durch die Berge. Ich erinnere mich an eine besonders schöne Stelle zwischen Friedland und Schömberg, eine prächtige Paßstraße. Die Kinder blieben im Gasthaus unterhalb und aßen Kartoffelsuppe. Fräulein Hirsch und ich gingen mit einem Wagen und vier Pferden voraus. Dann kehrten die Pferde um und holten die Kinder und den zweiten Wagen, an den eine Kutsche für müde Kinder angehängt war. Wir warteten oben im Wald. Die Stunde dort ist mir unvergeßlich. Fräulein Hirsch schlief fest. Über den Paß hinweg öffnete sich der Blick auf das Riesengebirge. Ich saß im Herzen der schlesischen Mittelgebirge und hatte um mich die ganze Schönheit dieser Landschaft, eine eigenartige Mischung von Zartheit und Strenge in Farbe und Form, von großer Weite und lieblicher Nähe. Wieder waren die Kinder völlig unbelastet und genossen das Ganze wie ein lustiges Abenteuer. Wir hatten große Mühe, die schweren Wagen den Berg über Hohenelbe hinaufzubekommen. Die Häuschen – es waren etwa zehn – standen hoch oben im Gebirge auf einer Bergwiese.

Die großen Kinder gingen dann bald bei einem Nazi in die Schule. Dem war die Gesamtlage aber doch schon so in die Glieder gefahren, daß er gerne unsere Kinder gut und freundlich behandelte. Wir vermehrten unsere Vorräte weiter, weil es in Böhmen noch unbeschränkt zu essen gab, und hatten doch schon viel Vorräte mitgebracht.

Nach drei Wochen verließ ich die Kinder, um nach Kreisau zu sehen. Ich fuhr mit dem Rad los. Eigentlich hatte ich nur bis Trautenau radeln wollen, das heißt aus dem Gebirge heraus und dann etwa drei Stunden lang nordöstlich. Man hat das Gebirge ständig zur Linken in voller Pracht. Ich fuhr durch das frühlingsgrüne, bäuerlich wohlhabende, österreichisch wirkende Land. In Trautenau – mittags um 1 Uhr – stellte ich fest, daß der nächste Zug erst am folgenden Morgen fahren würde. Es war noch früh, und ich fühlte mich ganz bei Kräften. So beschloß ich zu sehen, wie weit in Richtung Kreisau ich wohl noch kommen könnte. Alles war mir nun gut bekannt und in solcher strahlenden Frühlingsschönheit höchst beglückend. Als ich gegen fünf Friedland passiert hatte, wurde ich allmählich müde, und Helmuths Rad, auf dem ich von jeher am bequemsten radelte, wurde unbequem. Aber ich wußte, daß es von der

Höhe des Reinsbachtales an, des sogenannten Schlesiertales, nur noch bergab ging. So fuhr ich weiter, fuhr und fuhr, sah die Eule von hinten, kam dann in ihren Schatten, fuhr das lange Wüstewaltersdorfer Tal entlang, bog bei Kynau in die Weistritz-Talsperre ein und fuhr die herrliche Talsperrenstraße entlang nach Oberweistritz herunter. Der Tag begann sich nun langsam zu neigen, aber meine Freude darauf, bald den Mühlberg und Kapellenberg am Horizont zu sehen und die wachsende Freude, wieder nach Hause zu kommen, beflügelten mich. Ich ließ die Berge hinter mir und fuhr gegen Ludwigsdorf. Der Kapellenberg tauchte mit seinen Fichten auf, der Mühlberg mit seinem Akazien-Puschel, und nachdem ich den kleinen Ludwigsdorfer Rücken überstiegen hatte, lag Wierischau, lag Kreisau vor mir, winkte das Berghaus neben der großen Akazie. Es war zu schön, nach Hause zu kommen! Muto und Marion waren aus Mecklenburg zurück, hatten mich noch nicht erwartet und nahmen mich freudig in Empfang. Da war das Haus, mein Zimmer, mein Bett. Es war etwa halb acht, um halb zehn Uhr morgens war ich losgefahren, es müssen an die hundert Kilometer durch die Berge sein. Ich hatte an diesem Abend das Gefühl, daß sich in dieser Heimfahrt das ganze Glück und der ganze Reichtum unseres Kreisauer Lebens noch einmal in mir zusammenfanden.

Drei oder vier Tage blieb ich in Kreisau. Ich habe sie in besonders glücklicher Erinnerung. Dann fuhr ich wieder los und kehrte zu den Kindern zurück. Das muß in den letzten Apriltagen gewesen sein, denn dann ging das Dritte Reich rasch zu Ende. Die Russen kämpften in Berlin. Hitler war eingeschlossen in die Reichskanzlei. Wir saßen auf unserem hohen Berg und versuchten, uns Nachrichten zu verschaffen. Ein Radio hatten wir nicht. Darum stiegen Romai und ich noch höher hinauf zur Baude von Reichweins altem Freund, durch den wir unsere Häuschen ausfindig gemacht hatten. Als wir dort ankamen, war eben zu hören, die Russen hätten Berlin erobert. Man glaubte, Hitler habe sich in der Reichskanzlei das Leben genommen. Die Leute dort oben fragten: „Kann man das glauben?" Aber ich wußte sofort und mit Sicherheit: So war es. Das Dritte Reich war zu Ende! Nun würden die Russen Kreisau besetzen. Ich hatte die Vorstellung, es sei notwendig, dann da zu sein. Wieder ließ ich die Kinder bei Romai und Frau Pick. Dieses Mal kam Fräulein Hirsch mit mir zurück. Wir radelten wieder, übernachteten aber unterwegs. In Kreisau wartete ich gemeinsam mit Marion und Muto auf die Russen. Die deutschen Männer waren unruhig. Große Nazis hatten wir ja nicht im Dorf gehabt, aber die halben Nazis wurden jetzt nervös. Sie fragten mich, was sie tun sollten. „Bleiben", sagte ich, aber der Kaufmann Franke und der Gemeindevorsteher Süßmann verließen doch in diesen letzten Tagen Kreisau, kehrten aber einige Wochen später wieder zurück. Zeumer hatte einen guten Gedanken: „Jetzt, ehe es ganz zu Ende ist", sagte er, „muß der Dorf-Treck zurückgeholt werden. Nachher ist es vielleicht zu spät." Er war um seine Frau in Sorge. „Ich werde hinfahren und die Leute zurückholen." Und das unternahm er auch und verließ Kreisau. Selbst die Polen, die wir seit Jahren mit ihren Familien in Kreisau als Arbeiter im Hof gehabt hatten, wurden jetzt unruhig. „Wenn Sie bleiben", sagte einer von ihnen, „dann bleiben wir auch." An einem dieser Tage, als ich eben durchs Dorf ging, kam die Kirschallee herunter ein Motorrad mit einem russischen Soldaten drauf; hinter ihm saß ein Zivilist, vorne schmückte ein blühender Fliederzweig das Rad. Der Soldat hielt an, als er mich sah. Der Mitfahrer, ein Pole, wie sich zeigte, fragte mich in gebrochenem Deutsch, ob die Brücke über die Peile intakt sei, und als ich bejahte, fuhren sie über die Brücke zum Bahnhof und wieder zurück. Wenige Stunden später begann die russische Armee, sich durch Kreisau zu wälzen. Es war ein toller Anblick. Primitiv wirkendes Material, Wagen hoch mit Beute beladen, zerschunden auch die Fahrzeuge, aber die Männer waren kraftstrotzend, gesund, stark – siegreich. Ein Strom von Vitalität ergoß sich durch das kleine, abseits gelegene Dorf Kreisau, dessen unzerstörte Brücke wichtig geworden war. Marion, Muto und ich wollten uns dieses Schauspiel nicht entgehen lassen, aber wir gaben es bald auf, denn die russischen Soldaten waren hinter allen Frauen her, und wir hatten da ganz frei im Eingang zum Kreisauer Hof unter den beiden Gladiatoren auf den Säulen rechts und links gestanden, und das war nicht das richtige. Wir flohen und lernten in den nächsten Tagen die Kunst, uns zu verstecken. Wir schliefen auch nicht im Berghaus, sondern in der kleinen Scheune unseres Nachbarn auf dem Berghaushügel oder bei alten Leuten. In diesen Tagen fühlten wir uns zum ersten und einzigen Mal wirklich unsicher. Aber nachdem die Armee durchgezogen war, beruhigte sich alles, und nach einigen Tagen wagten wir uns sogar zu Fuß nach Schweidnitz. Wir hofften, von dem dortigen Kommandanten Schutz gegen männliche Angriffe zu erhalten. Wir drangen auch wirklich zu ihm vor und fragten, ob er wisse, wie sich die Russen ringsum benähmen. Er verstand gar nicht, was wir wollten, sagte nur freundlich, jeder Mann brauche eine Frau. Dies sei nun einmal so.

Noch ehe wir nach Schweidnitz gingen, war tatsächlich der Dorf-Treck zurückgekehrt. Ganz wohlbehalten, mit allen Pferden und allen Sachen, ungestört durch die in der entgegengesetzten Richtung ziehende russische Armee, die von uns aus die Tschechoslowakei besetzte. Die Russen hatten sie nur ermutigt, in ihre Dörfer zurückzukehren. Zeumer hatte zu schnellem Aufbruch gedrängt, hatte die Kolonne auf Nebenwegen geführt und die tschechisch-deutsche Grenze passiert, ehe die Tschechen selbst etwas zu sagen hatten. Es war nicht mehr das ganze Dorf versammelt, aber viele Bauernfamilien waren doch wieder da und alle unsere „Hofe-Frauen".

Ich machte mir Sorgen um die Kinder und wollte auch meinen kleinen Treck zurückholen. Zeumer gab mir ein Pferd, einen leichten alten Wagen und einen gutwilligen jungen Mann mit, der Bäcker war und von Pferden so wenig verstand wie ich. Wegen schwerem Gelenkrheumatismus war er nicht Soldat geworden. Ein Russe hatte mir auf Russisch auf einen Zettel geschrieben: „Diese Frau ist unterwegs, um ihre Kinder nach Hause zu holen." Sonst nichts, vor allem kein Stempel. Ich weiß nicht mehr, ob es unterschrieben war. Wieder zog ich den schon so bekannten Weg über die Berge. Zwei Hindernisse hatte ich zu bestehen, nur zwei, obwohl uns nun schon wieder zurückflutende russische Soldaten unterwegs begegneten. Ich erinnere mich, wie ein junger Bursche an meinen Wagen herantrat, meinen Rucksack durchstöberte, alles untersuchte und besah und nur ein gutes Taschenmesser herauspickte und mitnahm. Das erste Hindernis war ein Pole, der uns mit einer Rotte Menschen entgegenkam. Er hatte Lust auf mein Pferd. Dann war es ihm aber nicht gut genug. Er versetzte ihm einen Hieb und ließ uns weiterziehen. Das zweite waren zwei Russen, die uns anhielten und offenbar wissen wollten, was wir vorhätten. Ihnen hielt ich meinen Zettel hin. Dem Wichtigeren von den beiden mißfiel er, aber der Unwichtigere redete ihm freundlich zu. Ich verstand nichts, aber es klang wie: „Ach, laß sie mal ruhig weiterziehen!" Und das tat er dann. So kam ich wirklich mit meinem Willy zu den Kindern. Dort fand ich alle Erwachsenen blaß vor. Etwas wirklich Schreckliches war passiert. Die Deutschen hatten im Riesengebirge in über 1000 m Höhe die sogenannten Wlassow-Russen in einem Lager gesammelt. Es waren Russen, die zum Kampf gegen den Kommunismus bereit waren und die dort übten. Diese Russen fürchteten ihre anrückenden Landsleute, und die Deutschen hatten im letzten Augenblick das Lager aufgelöst und die Leute bewaffnet entlassen. Das wichtigste war natürlich für diese Männer, ihre deutschen Uniformen loszuwerden und sich Zivilkleider zu beschaffen. Wenige Tage vor meiner Rückkehr hatte Renate Reichwein wie üblich am Morgen beim nächsten Bauern, der gleichzeitig unser Hauswirt war, Milch geholt. Der Hof lag ganz einsam, von unserer Halde durch einen Streifen Wald getrennt. Renate fand die Küche leer und suchte die Bäuerin im Haus und im Stall. Dort lag die vierköpfige Familie erschlagen. Russen auf der Suche nach Kleidern hatten sie alle umgebracht. An die Häusergruppe, in der wir wohnten, hatten sie sich nicht herangetraut.

Es war kurz vor Pfingsten. Romai schlug vor, erst nach Pfingsten die Rückfahrt anzutreten. Aber ich wollte keinen Tag mehr aufschieben. Wieder besorgten wir uns einen Zettel. Dieses Mal war er auf Tschechisch von einer dortigen Lehrerin geschrieben, und es stand mehr drauf. Dem Sinn nach: Diese Frauen, deren Männer vom nationalsozialistischen Regime zum Tode verurteilt und hingerichtet worden sind, ziehen mit ihren Kindern zurück in ihren Heimatort Kreisau in Schlesien. Und wieder leistete der Zettel gute Dienste. Leicht war der Treck zurück nicht. Wir nahmen nur noch einen Wagen mit und den kleinen Kutschwagen. Viel Gepäck ließen wir im Gebirge. Wir hatten nur drei Pferde. Ein Gespann hatte die ganze Zeit bei einem Bauern im Tal gestanden. Es war gut gefüttert, aber der Wagen war hoch getürmt mit Gepäck und Lebensmitteln unter der Plane, und die Pferde hatten es schwer. Ein Rad des Kastenwagens brach noch auf der tschechischen Seite vollkommen zusammen. Der Schmied, den ich herbeiholte, machte den Wagen wirklich mit einem alten Rad wieder flott, ohne daß wir alles abladen mußten – wir hatten beizeiten Holzblöcke unter das zusammenbrechende Rad schieben können. Er schüttelte den Kopf über uns. „Was seid ihr nur für seltsame Leute!“ Keine Bauern offensichtlich, verstanden nichts von Pferd und Wagen, kein vernünftiger Mann dabei. Solche Trecks war er nicht gewohnt. Aber die sudetendeutschen Leute waren freundlich, und wir hielten die Strapazen alle gut aus. Die erste Nacht schliefen wir noch bei einem sudetendeutschen Bauern im Heu. Am nächsten Morgen kamen wir an die Grenze. Die Tschechen dort waren schon nicht mehr freundlich, aber der Zettel wirkte. Sie sahen uns kritisch und zweifelnd an, sie nahmen uns das dritte Pferd ab, das wir bergauf als Vorspann benutzt hatten. Mein

Widerstand half nicht. Wir sollten froh sein, daß sie nicht mehr nähmen – und da hatten sie wohl recht, und wir zogen über die Grenze. Rechts und links von der Straße lagen deutsche Militärfahrzeuge im Graben, in den Büschen konnte man Bündel von deutschen Geldscheinen aufheben. Wir rührten nichts an, sondern fuhren weiter. Langsam kamen wir vorwärts, am Pfingstsonnabend bis zum Kloster Grüssau. Dort blieben wir über Nacht und hörten am Pfingstsonntag in der großen herrlichen Barockkirche das Hochamt. Die große Kirche war voll; es war sehr feierlich. – Dann ging es weiter. Hinter Grüssau, auf einem Hügel, als die Pferde ermattet waren, legte ich einen Stein unter eines der Räder, und mein rechter Ringfinger wurde eingequetscht. Nicht einmal sehr schlimm war es, aber doch so, daß die Pferde noch einmal anziehen mußten, um meinen Finger zu befreien. Kurz darauf wurde unser immer vernachlässigtes, aber geliebtes Hündchen Flitz, ein schwarzer Scotchterrier, der meistens mitgelaufen war, von einem russischen Lastwagen überfahren. Fräulein Hirsch blieb mit dem Rad ein Stückchen zurück und begrub das gute Tier. Das waren aber unsere einzigen Unglücksfälle, und es erscheint mir auch heute noch wie ein Wunder, daß die fünf Frauen, sechs Kinder und der halbe Mann wirklich heil wieder in Kreisau ankamen. Ich war ein bißchen stolz, als ich von Ludwigsdorf nach Wierischau hinunterfuhr, daß ich Zeumer sein Milchwagengespann, von dem er sich nach Ostern für uns getrennt hatte, wieder heil zurückbrachte.

Und nun begann der Sommer. Wir merkten am Anfang nicht viel von den Russen. Zunächst hatten wir nur eine kleine Besatzung, und die ließ uns im allgemeinen in Ruhe. Zuerst wollten sie mich zum Bürgermeister machen, aber ich wollte nicht, und wir bekamen statt dessen einen ordentlichen Kreisauer Mann, der sich sehr bewährte. So schnell wie möglich gingen wir alle an unsere Arbeit. Wir bestellten die Felder weiter. Die Zahl unserer Arbeitskräfte war beschränkt, wir hatten unsere Pferde, Maschinen und Kühe. Zwar war es nicht unsere eigene Herde; diese war Anfang Februar von der Partei abgeholt und nach Waldenburg in den Schlachthof getrieben worden. Zeumer hatte sich widersetzt, wurde aber schwer bedroht und mußte das Vieh abziehen lassen. Um die gleiche Zeit war im Chaos der Evakuierung der Dörfer in die Tschechoslowakei viel Vieh einfach losgelassen worden und stand brüllend in den Wiesen, weil es nicht gemolken wurde. Man konnte es gar nicht im Stich lassen, und bald stand unser ganzer schöner, großer alter Stall voll mit dieser zusammengewürfelten Herde. Die Tiere waren noch bei uns, als der Krieg zu Ende ging. Es war wohl manches etwas schwierig, aber wir kamen doch in Gang und bezahlten unsere Leute mit Lebensmitteln. Wir hatten alle genug zu essen, und hie und da schlachteten wir eine Kuh für das ganze Dorf. Ich fuhr mit dem Rad nach Schweidnitz und suchte unsere frühere Lehrerin, Fräulein Seiler, die Tochter des Photographen von Schweidnitz. Wir nahmen sie zu uns ins Berghaus und machten die Schule wieder auf. Romai zog mit ihren Kindern auch ins Berghaus. Wir hatten im Februar für den ersten Schub von Flüchtlingen die Wohnzimmer unten schon leer gemacht. Diese Zimmer übernahmen Reichweins. Ein volles, gut ausgenutztes Haus war den Russen gegenüber besser zu halten. Eines Tages kam auch Liesbeth aus Striegau zurück. Bei Schwester Ida erzogen, war sie bei uns Haus- und Kindermädchen gewesen. Als wir treckten, hatte sie beschlossen, zu ihrer Mutter zu gehen. Jetzt kehrte sie zu uns zurück. Muto und Marion machten zu Fuß eine große Erkundung nach Kauern und Klein Öls, wobei sie einen Leiterwagen mit ihren Rucksäcken hinter sich herzogen. Später unternahmen sie es als erste, Schlesien nach der Eroberung zu verlassen und ihre Verwandten in Mecklenburg aufzusuchen. Aber sie kehrten immer wieder für längere Zeit im Berghaus ein.

Im Dorf, im Hof, im Berghaus lebten alle ein verhältnismäßig geordnetes, arbeitsames Leben. Den Kindern ging es ausgezeichnet. Der Haushalt lief; ich war viel im Hof, im Dorf und in der Gegend unterwegs, und wie zuvor fuhr ich wieder mit Zeumer über die Felder. In der ersten Zeit versuchten die Russen noch manchmal abends ins Haus zu kommen, aber unsere Haustür hielt dem Ansturm immer stand, und wir schlossen abends sorgsam und fest alle Fensterläden und Türen. Aber es war kein angenehmes Gefühl, wenn ein Russe wie verrückt an der Türe rüttelte und mit der Klinke rasselte. Es war aber bekannt, daß solche Unternehmen von ihren Vorgesetzten nicht unterstützt wurden. Konnte man also von außen Hilfe holen, auch Deutsche, dann liefen die Russen weg. So saß ich dann mit dem Feuerhorn oben, um notfalls den Nachbarn Raschke herbeizuholen – aber es kam niemals soweit.

Die Russen klauten auch – aber in Maßen. Ich ertappte einmal einen Russen auf frischer Tat. Wenn man ihnen furchtlos begegnete, waren sie immer vernünftig, ja freundlich – nur Angst machte sie wild, die konnten sie gar nicht vertragen. Die Hühner – wir hatten nur noch etwa eine Mandel (ca. 15 Stück) – legten eifrig und waren für uns sehr wertvoll. Sie wohnten jetzt mit uns auf dem Berghaus. Früher waren sie dort nicht zugelassen gewesen. In Mami Moltkes Übung fortfahrend, hatte ich sie im Hof der Pflege der alten Frau Rose überlassen, die unweigerlich die frisch ausgekrochenen Küken einige Tage in ihrem Bett verwahrte. Frau Zeumer verachtete unsere unangemessene Haltung dem Hühnervolk gegenüber. Die gehörte sich nicht für eine schlesische Landfrau. Und es gingen wohl auch viele Eier zwischen dem Hof und dem Berghaus verloren. Aber mir genügte es, wenn Frau Rose jede Woche mit einer großen weißen Emailleschüssel voll Eier im Berghaus erschien und in der Küche bei Mamsell Kaffee trank. Nun war die unlängst noch stattliche Zahl von etwa einem Schock (60 Stück) schon sehr geschrumpft, und dieser Rest war in unserer Nähe besser behütet. Der Ruf: „Es ist ein Russe im Hühnerstall!" klang daher nicht erfreulich. Ich sehe noch sein lustiges Gesicht vor mir, als er ein Huhn nach dem anderen in einen Sack steckte. „Doch nicht alle", rief ich besorgt. Er schüttelte lachend den Kopf, zeigte sechs mit seinen Fingern und verschwand bald darauf mit seiner Beute.

Schwierig war die Verteidigung der Räder. Die wollten sie alle haben, und sie waren uns sehr wichtig. Einen Russen erwischte ich, als er meine letzte Reserve aus dem Berghaushöfchen führte. Ich versuchte, ihm zu erklären, wie wichtig ein Rad für uns sei. Er verstand mich ganz gut. Nach kurzer Zeit konnten die Russen eigentlich alle etwas Deutsch. Er werde das Rad am Abend wiederbringen, versicherte er. Das war die übliche Ausrede und jeder wußte, daß sie nicht wahr war. Darum lachte ich, da lachte auch er und ließ mir das Rad.

Im Laufe des Sommers wurde das Schloß mit einer ganzen russischen Kompanie belegt. Sie sollte unsere Ernte kontrollieren. Ganz unten im Schloß war Fräulein Hirsch wieder eingezogen. Sie hatte dort schon die Kriegsjahre mit ihrem Vater gewohnt, der dann starb. Der alte Hirsch kam als pensionierter Förster nach Kreisau. Gegen freie Wohnung ging er regelmäßig durch die verschiedenen „Büsche" und hielt den Kapellenberg mit der Grabkapelle des Feldmarschalls in Ordnung, wo auch die Familien-Grabstätte der Moltkes war. Auch ging er den Jagdpächtern zur Hand. Helmuth hatte die Jagd in den Jahren, als er Kreisau vor der Zwangsversteigerung zu retten suchte, an eine Gruppe von Schweidnitzer Ärzten verpachtet, und das blieb so bis zum Ende. Nach Hirschs Tod hatte die Tochter die Wohnung unten im Schloß behalten und außer der Betreuung des Kapellenberges auch noch die des Zimmers des Feldmarschalls übernommen. Dieses Zimmer hinter dem weiß-goldenen großen Eßzimmer war nach seinem Tode 1891 unverändert gelassen worden. Von dem Ständer für seine Perücke aus rosa Porzellan und der kleinen Waschschüssel bis zu den Filzpantoffeln und dem großen schwarzen Malteser-Mantel aus Moiré im Kleiderschrank, vom Federbusch-Helm bis zu dem die ganze Wand bedeckenden Stammbaum der Moltke-Familie war alles noch vorhanden. Es kamen laufend Pilger, die den Kapellenberg besuchten und das Zimmer zu sehen verlangten. Immer wieder machte ihnen die Bescheidenheit dieses Zimmers tiefen Eindruck, ganz besonders während der Nazi-Zeit. Das war also das Zimmer eines Generalfeldmarschalls! Meistens hatten die Tanten, wenn sie – im Sommer immer und manchmal auch im Winter – im Schloß wohnten, die Führung übernommen. Aber wenn sie nicht da waren, sprang Familie Hirsch ein. Als sich dann während des Krieges das Schloß bis zum Rande mit Flüchtlingen füllte – Familien aus Berlin, die den Bomben aus dem Wege gehen wollten, – war aus Fräulein Hirsch eine Art Schloß-Beschließerin geworden. Sie tat das mit Begeisterung und half mir viel. Sie war eine treue Seele. Für uns ging sie durch dick und dünn. Nach dem Treck hatte sie sich mit Tante Lenos berühmter Bertha unten im Schloß zusammengetan. Bertha war auch eine echt schlesische, tüchtige, patente Person. Sie hatte das Herz auf dem rechten Fleck. Als Tante Leno mit ihren Enkeln im Lazarettzug abfuhr, hatte sie beschlossen, „bei den Sachen“ zu bleiben und sie für Tante Leno zu hüten. Als jetzt die russische Kompanie ins Schloß zog, fanden die beiden Frauen Arbeit und Nahrung. Fräulein Hirsch half in der Küche; Bertha nähte, hauptsächlich Büstenhalter. Die waren bei den Russinnen sehr gefragt – und es gab deren viele. Ich besuchte Fräulein Hirsch und Bertha alle paar Tage und ließ mir den neuesten Russenklatsch berichten. Was sie aßen, wieviel besser der Hauptmann lebte (der bekam die Kartoffeln nur in reiner Butter gebraten), die Weibergeschichten, in welchem schrecklichen Zustande die Klosetts seien (bald wurden sie aufgegeben, und die ganze Mannschaft einschließlich des Hauptmanns benutzte zwei Häuschen draußen). Von alledem flossen die beiden alten Fräuleins über, auch wollten sie sich mit mir beraten. Fräulein Hirsch war schüchtern, wenn sie auch im Grunde wußte, was sie wollte, Bertha aber ließ sich nichts gefallen und wurde allgemein respektiert.

Kurz nach der Besetzung waren wir aufgefordert

worden, unsere Radios abzuliefern. Ich konnte mich nicht dazu entschließen, meines so ohne weiteres aufzugeben. Es war unsere einzige Verbindung mit der Welt, und sie funktionierte allabendlich, wenn wir die Nachrichten der BBC hörten. Hohe Strafen waren denjenigen angedroht, die der Ablieferungspflicht nicht nachkamen, aber wir nahmen das nicht so ernst. Zeumer hatte zwei Radios, und da er mit Recht nichts riskieren wollte, bot er mir sein zweites Radio zur Ablieferung an. Und so geschah es. Wir ließen unser Radio mit einem Tuch bedeckt im Wohnzimmer stehen. So offen, dachten wir, werde es sicher am wenigsten gesehen, und diese Praxis bewährte sich auch. Den ganzen Sommer hörten wir abends möglichst leise die englischen Nachrichten. Wir wurden schließlich in der Gegend unter Deutschen bekannt dafür, daß wir mehr wußten als andere Leute. Es kam öfters jemand, der wissen wollte, was in der Welt vorging und der Rat haben wollte, was zu tun sei, um so mehr, als es deutlich wurde, daß das Gebiet polnisch werden würde. Klar wurde das erst mit dem Potsdamer Abkommen zwischen den Alliierten. Kreisau liegt zwischen den beiden Neiße-Flüssen, der Glatzer Neiße und der Görlitzer Neiße, und selbst zu der Zeit, als das von den Russen geduldete Eindringen der Polen ganz offensichtlich war, blieb noch unbestimmt, ob dieses Gebiet wirklich polnisch werden würde. Die Polen wollten inzwischen Tatsachen schaffen. Zuerst wurden die Behörden in Schweidnitz polnisch. Wenn wir mit ihnen zu tun hatten, waren sie im allgemeinen nicht unfreundlich. Eines Tages erschien ein Deutscher, der von den Polen als Verwalter von Kreisau eingesetzt worden war. Es war ein Mann aus dem Osten, der mit ihnen zusammengearbeitet hatte, durchaus kein bösartiger Mann. Er beließ Zeumer in seinem Amt, war freundlich und zuvorkommend mit mir, besprach auch alle Betriebsangelegenheiten, sorgte für Brot, Butter und Milch in unserem Haushalt, und als er meinem Haushalt keine Milch mehr liefern durfte, beschaffte er uns eine Ziege. Zeumer, der gute Eigenschaften hatte, aber auch immer schwierig und eigensinnig gewesen war und den Helmuth sehr gut zu nehmen verstanden hatte, ärgerte sich allerdings gewaltig über diesen Mann. Er mußte ihm seine Wohnung überlassen, kam aber im Nieder-Gräditzer Gutshaus in einer unserer schönen, neuen Arbeiterwohnungen sehr gemütlich unter. Er war natürlich zum zweiten Mann im Betrieb geworden, und das wurde ihm schwer, wenn er auch klug genug war einzusehen, daß er noch verhältnismäßig gut wegkam. Diesem Verwalter lag es daran, zunächst alles in den bestehenden Bahnen weiterlaufen zu lassen, und damit fuhren wir alle nicht schlecht. Aber nun war es für Zeumer und mich Schluß mit den Fahrten über die Felder; sie endeten auf seltsam dramatische Art. Zeumer auf einer „Spinne“, einem zweirädrigen, leichten Wägelchen, vor das ein Pferd gespannt war, dieser Anblick war in Kreisau jedem geläufig. Es war ein gefährlich aussehendes Vehikel. Die Bank – immer wieder repariert – thronte ungeschützt hoch über den Rädern, und mit diesem Gefährt ging es ziemlich rücksichtslos gegenüber Pferd, Wagen und Mitfahrer über Böschungen, durch Gräben, über Stock und Stein, Äkker und Wiesen. Seit dem Beginn des Krieges fuhr ich mit Zeumer jeden Tag eine Runde, meistens von einer Arbeitspause bis zur nächsten, manchmal ganz früh, manchmal nach der Mittagspause, zu den verschiedenen Arbeiten. Manchmal blieben wir die ganze Zeit an einem Platze, meistens fuhren wir aber über einen großen Teil des ganzen Geländes. Asta, die in Kreisau seit Anfang des Krieges Trecker fuhr, um einer anderen Kriegsverpflichtung zu entgehen, sagte immer, es brauche nur etwas schiefzugehen, und schon tauche Zeumer auf seinem Wägelchen am Horizont auf. Auf seine spezielle Art war er ein sehr guter Verwalter. Ich aber war so in der Lage, Helmuth täglich genaue Berichte über den Stand der Arbeiten und die Lage im Betrieb zu geben, und so konnte er den ganz nahen Kontakt mit Kreisau immer aufrechterhalten. In diesen fünf Jahren fiel ich nicht ein einziges Mal von diesem Vehikel herunter. Ich erinnere mich, daß Carl Bernd das einmal bewunderte. Eines Tages nun in diesem Sommer, als wir wieder zusammen unterwegs waren, stolperte das Pferdchen bei der Abfahrt die Kirschallee hinunter. Es erschrak, ging durch, riß sich los, die Deichsel ging hoch, und der Wagen kippte hintenüber. Zeumer und ich flogen beide. Ich hatte mir nichts weiter getan, blieb aber ein Weilchen still liegen – eigentlich nur, weil ich so gut lag und mir der Kopf brummte. Leute kamen besorgt angerannt, mit Zeumer, dem auch nichts geschehen war. Ich stand auf, beruhigte die Leute, ging nach Haus und legte mich eine Weile auf mein Bett. Danach bot sich weder Zeumer noch mir je wieder eine Gelegenheit oder Möglichkeit, über die Felder zu fahren. Bei unserer letzten Fahrt – ohne zu ahnen, daß es die letzte war – fielen wir beide herunter!

Auch in den Bauernhöfen tauchten Polen auf, die die Höfe übernahmen, sich in des Bauern Bett legten und die Deutschen für sich weiterarbeiten ließen. So kam ein Hof nach dem anderen dran. Viele dieser Polen kamen aus den ostpolnischen Gebieten, die an Rußland abgetreten worden waren. Manche deutsche Bauern wurden wie Sklaven gehalten, andere vertrugen sich mit „ihren“ Polen, und fast alle wollten trotzdem so lange wie möglich zu Hause bleiben. Aber ab August begannen die Dorf-Evakuierungen. Wir hörten davon aus anderen Gegenden. Bei uns blieb es noch lange ruhig.

Nach Marion und Muto brach als nächste Romai zu einer Fahrt nach Berlin auf. Sie war einige Zeit weg und kam eines Tages mit Ausweisen für uns wieder, auf denen der Magistrat von Berlin – damals noch unter ausschließlich russischer Besatzung – in fünf Sprachen (Deutsch, Russisch, Polnisch, Englisch und Französisch) mit Stempel und Unterschrift aussagte, unsere Männer seien umgebracht worden, wir seien Opfer des Faschismus und daher gut zu behandeln. Sie hatte sich in Berlin umgesehen, aber vorläufig war noch keine Rede davon, daß sie Kreisau verlassen wollte. Wie üblich hatte sie unterwegs einiges erlebt, hatte sich von einem russischen Lastwagen mitnehmen lassen und war, als einer der Männer zudringlich wurde, und sie ihn dafür in den Daumen biß, vom fahrenden Lastwagen heruntergeworfen worden. Glücklicherweise war bei alledem hinten auf dem Wagen soviel Geschrei und Gelärme entstanden, daß der Fahrer gebremst hatte und ganz langsam fuhr – so war ihr wirklich nichts geschehen. Der Lastwagen war einfach weitergefahren. Immerhin!

Anfang Juli geschah etwas Aufregendes: Die westlichen Alliierten zogen in Berlin ein, besetzten ihre jeweiligen Sektoren und begannen Berlin gemeinsam mit den Russen zu verwalten, um dort die Kontrollkommission für ganz Deutschland aufzubauen. Die Amerikaner und Engländer waren noch nicht lange in Berlin, als Marion und Muto von Kreisau kommend dort auch wieder auftauchten. Gleich am ersten Abend besuchten sie Freunde. Nach dem Abendessen klingelte es an der Haustür, vor der ein englischer Offizier stand. Warum er gerade in dieses Haus gekommen war, weiß ich nicht. Jedenfalls lag es ihm am Herzen zu erfahren, ob die Hausbewohner etwas von Helmuth Moltkes Frau und seinen Kindern in Schlesien wüßten. Als Muto und Marion sagten: „Wir kommen heute von dort!“, konnte er es kaum glauben. Er kam im Auftrage unserer Freunde in England, und dies war sein erster Versuch, etwas herauszufinden. Erst am nächsten Morgen, als die beiden Frauen ihn in seinem Büro aufsuchten und alle Aussagen noch einmal bestätigten, hielt er es wirklich für wahr – und damit war der Kontakt mit den englischen Freunden schon hergestellt.

Inzwischen hatte sich unsere russische Kompanie in Kreisau an uns und wir uns an sie gewöhnt. Wir kannten uns gegenseitig, aber die Russen sprachen im allgemeinen nicht mit uns. Sie wußten aber genau, wer wir waren. Einmal sagte einer der Soldaten zu Fräulein Hirsch, nur wegen unserer Männer ließe man uns so in Frieden. Die meisten Frauen und vor allem die früheren Feinen mußten auf den Feldern arbeiten. Ein freundlicher Russe in Uniform, der auch unsere Gurken anziehend fand, kam einmal mit seiner Freundin – auch in Uniform – und verlangte die „Grafina“ zu sehen. Ich hatte ihm mit nackten Beinen in Gummistiefeln aufgemacht – ich hatte eben besagte Gurken gegossen und meine Haare mit einem Kopftuch zusammengebunden, sie waren frisch gewaschen. Er wollte mir unter keinen Umständen glauben, daß ich die „Grafina“ sei und lachte mir einfach ins Gesicht. Ich rief Frau Pick und bat sie, sie möge dem Mann doch sagen, wer ich sei. Auch ihr glaubte er nicht. Schließlich holte ich meinen Paß. Der überzeugte ihn. Er kam dann noch ein-, zweimal wieder. Ob wegen der Gurken oder meinetwegen, blieb ungeklärt.

Ein paar Russen hatten unsere hübsche Liesbeth auf dem Feld arbeiten sehen und waren hinter ihr her. Liesbeth versteckte sich auf dem Boden unter großen Wäschekörben, als sie bei uns an der Tür klingelten. Es waren zwei sehr nette Burschen. Ich verhandelte mit ihnen. Sie sei nicht zu haben und nicht zu sehen, aber sie baten, nur *sehen* möchten sie die Liesbeth. Ob sie versprächen, dann wieder zu gehen. Ja, das versprächen sie fest. Also würde ich sie holen. Sie kam auch, nachdem ich ihr zugeredet hatte, langsam die Treppe herunter, auf der sie etwas höher, wie eine Prinzessin, stehenblieb. Die Russen strahlten, besahen sie ein Weilchen, redeten hin und her und zogen dann brav ab. Wir waren erfreut, daß alles so gut abgegangen war, und schlossen die Haustüre hinter ihnen. Es war wohl so zwischen sieben und acht Uhr abends. Wie ich nun hinauf in mein Zimmer gehen wollte, kam mir der eine lachend die Treppe herunter wieder entgegen und verließ ein zweites Mal das Haus. Er hatte nur mal gezeigt, was er konnte, wenn er wollte! Er war außen an einer der Eisenstangen hinaufgeklettert, die das nicht schöne, aber für den Schutz des Eingangs sehr nützliche kleine Wellblechdach hielten. Dann war er in das offene Fenster des Kinderzimmers eingestiegen und durchs Haus heruntergekommen. Konrad, der oben schon im Bett lag, erinnert sich noch an den Russen, der durch sein

Zimmer ging. Nein, sagt er auch heute noch, Angst habe er gar keine gehabt. Zu den Kindern waren auch alle Russen immer nur freundlich gewesen, und an Konrad bewunderten sie die schönen lockigen Haare, die kurz, aber in großen, weichen, dunkelblonden Wellen seinen Kopf umgaben. Die mußten sie immer streicheln, und so waren für die Kinder Russen keine Leute, vor denen man Angst hatte. Die beiden Burschen kamen dann noch mehrmals. Schließlich saßen sie sogar mit Liesbeth in der Küche und spielten mit ihr und Frau Pick „Schwarzer Peter". Der eine trug dazu einen Zylinder, den er bei uns gefunden hatte und den er wohl halb schön, halb komisch fand. Ich schenkte ihn ihm. Aber irgend jemand verbot ihnen die Besuche bei uns, denn sie kamen nach einiger Zeit nicht mehr. Vielleicht wurden sie auch versetzt, denn sie gehörten nicht zur Schloß-Kompanie.

Als Romai von Berlin zurück war und das Potsdamer Abkommen bekannt geworden war – unser Radio versorgte uns immer noch jeden Abend mit Nachrichten –, schien es an der Zeit, daß auch ich einmal nach Berlin ginge, um von dort Briefe zu schreiben, mit den dortigen Freunden zu sprechen und mich über die Zukunft zu beraten. So gut es uns bisher gegangen war, so sicher schien es doch, daß wir mit der Zeit wegmußten. Vom Westen waren wir ja vollkommen abgeschlossen. Zwar hatte ich Leuten, die von Schlesien nach Westdeutschland durchzukommen versuchten, immer wieder Nachrichten an meine Mutter mitgegeben. Aber wir hatten nichts gehört. Post gab es nicht, und Züge fuhren nur sehr unregelmäßig.

Aber ehe ich wegkam, hatte ich noch ein bezeichnendes Erlebnis. Die Polen hatten im Laufe des Sommers eine Art Miliz aufgestellt. Meistens rekrutierte sie sich aus Leuten, die in Deutschland als Zwangsarbeiter gearbeitet hatten. Es waren Menschen, die in Deutschland viel gelitten hatten, und der Haß stand ihnen im Gesicht geschrieben. Es war ein ganz anderer Typ als die Polen, die um uns herum das Land übernahmen. Die meisten waren wohl auch aktive Kommunisten. Sie waren es, die die Leute verprügelten, einsperrten und schikanierten. Die Deutschen klagten sehr über die Miliz, aber die Polen manchmal auch. So ein Milizer kam in diesen Tagen zu uns und verlangte in grobem und frechem Ton unsere Ausweise. Was mich an ihm so besonders ärgerte, weiß ich nicht, wahrscheinlich nur sein unverschämtes Auftreten. Ich sagte, so ließe ich mich in meinem Hause nicht anreden und wieso er dazu käme, unsere Ausweise zu verlangen. Wenn er sich nicht höflich benehmen könne, würde ich ihm überhaupt nichts zeigen, sondern mich über ihn beschweren. Er war wütend und bedrohte mich mit seinem Revolver. Aber ich wußte genau, daß er nicht schießen würde, und sagte: „Raus aus meinem Haus!" Ich habe noch Frau Picks leise gemurmeltes, entsetztes „Gräfin Moltke!" in den Ohren. Sie hatte diese Szene in der Küchentüre stehend miterlebt. Der Mann steckte seinen Revolver ein, gab mir eine schallende Ohrfeige und ging.

Mit einer roten und einer blassen Backe lief ich sofort ins Schloß zu dem russischen Hauptmann. Mir war es unheimlich, die Kinder polnischen Willkürakten ausgesetzt zurückzulassen. Ich müsse in Angelegenheiten meines Mannes nach Berlin, sagte ich dem etwas überraschten Hauptmann. Dies – auf die Backe zeigend – sei mir passiert. Ob ich die Kinder und unser Haus seinem Schutz unterstellen dürfe, während ich weg sei, falls wieder Polen kämen? Das bejahte der Hauptmann ohne weiteres, und ich war wirklich erleichtert und beruhigt. Die Russen mochten die Polen nicht, hielten im Zweifel zu den Deutschen und behandelten die Polen schlecht. Und tatsächlich erwies sich der Schutz durch die Russen bald als wirkungsvoll.

Es war weitaus das beste, von Waldenburg aus nach Berlin zu fahren. Aus dem Waldenburger Kohlenrevier fuhren nach Kriegsende die ersten mit Kohlen beladenen Züge nach Berlin. Wenn ein Kohlenzug zusammengestellt war, fuhr er ab. Hie und da wurden ein paar leere Güterwagen angehängt, weil Soldaten zu transportieren waren oder vielleicht auch, weil so viele Frauen und Kinder mitfahren wollten. Auf diesen Zügen waren die Eisenbahner noch Deutsche. Als Frau Raschke, unsere Nachbarsfrau und Bäuerin – das Berghaus gehört zu dem Ortsteil Nieder-Gräditz, deshalb hatten wir als unmittelbare Nachbarn auf beiden Seiten Bauern – hörte, ich wolle nach Berlin, bat sie, mitkommen zu können. Sie habe ihre Mutter in Berlin, nach der wolle sie gerne sehen. Mir war es recht.

Ich ließ die Kinder wohlbehütet im Berghaus zurück und machte mich mit Frau Raschke auf. In Waldenburg gelang es uns sogar, in einem geschlossenen Wagen unterzukommen, und schon am späten Nachmittag fuhr unser Zug ab. Aber auf halbem Wege, wohl hinter Görlitz in der Niederlausitz, wurden wir alle hinausgeworfen: Der Wagen war für einen Russentransport eingesetzt. Da standen wir mitten in der Nacht, und es blieb uns nichts anderes übrig, als irgendwo auf die Kohlen zu klettern. Für uns war das gar nicht so schlimm, aber im Wagen waren Familien mit kleinen Kindern, Kinderwagen und Gepäck gewesen: sie mußten alle auf die

Kohlen. Es war eine warme Augustnacht, heller Sternenhimmel und köstliche Luft, wir froren nicht. Wir beide fanden ganz vorne, ziemlich weit oben auf einem Kohlenhaufen Platz. Gegen Morgen wurden wir allerdings schläfrig; das war gefährlich, da man im Schlaf leicht von den Kohlen herunterfallen konnte. Es war aber aufregend genug, um nicht einzuschlafen.

Verantwortlich für den Zug war eine russische Wache. Sobald der Zug irgendwo hielt, sprangen sofort Diebe auf. Die Kohlen und das Gepäck der Reisenden, das war alles damals von großem Wert. Die Diebe warteten auf den Stationen auf diese Züge und machten dann Beute. Wir hörten sie öfters auch in unserer Nähe herumstöbern. Dann schrien und riefen die Leute auf den Kohlen, und die russische Wachmannschaft schoß als Antwort einige Male in die Luft. Das schien den Dieben nicht viel Eindruck zu machen, denn bald kratzte es wieder irgendwo, und die Sache fing von vorne an, mit dem Erfolg, daß wir wach blieben. Dann fuhren wir wieder ein Stück in die Morgendämmerung, und gegen sieben Uhr waren wir in Nieder-Schöneweide, einem Vorort von Berlin. Von dort konnte man die Stadtbahn nehmen – sie war in Betrieb.

In Berlin wohnte ich in der Hortensienstraße, in dem liebgewonnenen Häuschen von Peter und Marion. Zwar war das Haus von Bomben beschädigt, es ließ sich aber noch bewohnen. Die SS-Bewohner hatten alles stehen und liegen lassen, die Russenwelle war darüber hinweggegangen, und dann hatte ein älteres Klempner-Ehepaar, das für die Yorcks gearbeitet hatte, das Haus sofort bezogen. So kam es, daß alles noch unverändert schien. Viele praktische Utensilien waren wohl gestohlen worden, aber alles andere war noch da;

so hatten wir doch gleich wieder ein richtiges Zuhause in Berlin. Marion und Muto waren unterwegs, und ich schlief im Wohnzimmer. Nun schrieb ich wieder an meine Mutter und erstmals auch an meinen Bruder Carl in der Schweiz, an Lionel Curtis in England und an Dorothy Thompson in den USA. Ich suchte die deutschen Freunde, die ich in Berlin glaubte, knüpfte mit den Engländern und Amerikanern Beziehungen an und bat sie, meine Briefe zu befördern. So kam ich in Verbindung mit der Dienststelle von Allen Dulles (OSS), die in Dahlem war, lernte ihn selbst, einige freundliche Offiziere und Gero v. Schulze-Gaevernitz kennen. Sie wußten alle von uns, ließen sich von den Verhältnissen in Schlesien berichten und waren recht skeptisch, als ich sagte, ich wolle noch einmal dorthin zurück. Ich hatte auch einen Auftrag an einen Kommunisten, der einer der Führer der Berliner Partei war. In einem unserer Nachbarorte, in Faulbrück, hatte ein alter Kommunist die Nazizeit überlebt. Der Mann hatte mich eines Tages aufgesucht, und wir hatten in den Monaten lose Verbindung gehalten. Er wollte nun von den Berliner Kommunisten wissen, wie man sich in Schlesien gegenüber den Polen und Russen verhalten solle, ob man bleiben oder gehen solle. Ich ging in das Parteigebäude der KPD in der Nähe des Spittelmarktes. Nach einer kleinen Wartezeit empfing mich der Mann und gab etwas zögernd Auskunft. Zögernd wohl, weil die Partei sich selbst noch nicht klar war, wie sie sich verhalten würde, und die Evakuierungen aus Schlesien fingen eben erst an. Er sagte eigentlich nur, die Kommunisten sollten sich wie alle anderen verhalten.

Für alle Fälle meldete ich die Kinder und mich bei der Polizei in Berlin an – als wohnhaft in der Hortensienstraße 50. Dann war ich eigentlich für die Rückreise bereit. Ein Schwede hatte mir aber gesagt, unter Umständen könnten die Reichwein-Kinder bald nach Schweden, wenn sie wollten. Ich möchte doch noch den Bescheid abwarten. So gab ich noch einen oder zwei Tage zu. Ich hatte Sehnsucht nach der Poelchauschen Wohnung in der Afrikanischen Straße in Tegel, erwartete aber nicht, Poelchaus in Berlin zu finden; sie hatten vorgehabt, das Ende bei ihren Freunden Truchsess in Nordbayern abzuwarten. Er, Truchsess, hatte auch in Tegel gesessen, und Harald hatte sich mit ihm angefreundet. Ich wollte nur nach dieser Wohnung sehen, die mir in den Monaten vor Helmuths Tod so lieb geworden war, wo ich fast „mit" Helmuth gelebt hatte. Es war noch etwas mühselig hin zu kommen, aber die U-Bahn fuhr schließlich bis Bahnhof Seestraße und dann auch eine Trambahn die Müllerstraße entlang. Ich stieg im Haus die vielen Treppen hinauf; Poelchaus wohnten ganz oben. Ich klingelte und wartete. Gertie Siemsen, eine Freundin von Poelchaus, machte mir auf. Sie wohnte dort mit ihrem Anfang Mai geborenen Baby. Sie sagte sofort: „Wissen Sie, wer bei mir wohnt?! Ihr Schwager Wend!" Man kann sich heute kaum vorstellen, wie erstaunlich es war, daß wir uns so fanden. Natürlich hatte ich nichts von ihm gehört oder gesehen, seitdem er Anfang Februar – jetzt war Ende August – aus Schweidnitz weggefahren war. Kurz darauf war er von einem deutschen Armeefahrzeug angefahren und verletzt worden, konnte nicht gehen und kam in ein Lazarett in der Lausitz. Dort überrollten ihn die Russen, die ihn nun vor kurzem aus dem Lazarett entlassen hatten – kranke Männer waren für sie nicht interessant. Er war nach Berlin gefahren und versuchte von dort zu Asta in „den Westen“ zu kommen. Asta wußte von seinem Verbleib bisher noch nichts. Wir waren beide sehr froh und erleichtert, uns zu sehen. Wend besaß nichts und ich auch nichts, was ihm nützlich sein konnte, aber ein paar Strümpfe von Muto oder Marion kamen ihm sehr gelegen! Wir verbrachten den letzten Tag zusammen, und am nächsten Morgen brachte er mich mit Frau Raschke nach Nieder-Schöneweide, von wo die leeren Kohlenwagen nach Waldenburg zurückfahren sollten.

Die Amerikaner hatten mich mit US-Soldaten-Rationen ausgestattet. Sie waren ziemlich besorgt, daß ich wirklich zurück nach Schlesien wollte. Die Deutschen versicherten mir, es würde mir nicht gelingen, denn die Oder und die Görlitzer Neiße seien jetzt eine Landesgrenze, die Polen schmissen die Deutschen hinaus und ließen bestimmt keine mehr herein. Sehr ermutigend waren diese Auskünfte nicht, aber meine Kinder zogen mich mit Macht, und Frau Raschke fühlte sich in der gleichen Lage.

So begann die abenteuerlichste Reise, die ich bisher erlebt habe. Und sie war auch bezeichnend für die damaligen Verhältnisse und die Menschen überhaupt, denn sie war voller unfreundlicher und freundlicher Erlebnisse zugleich. Darum ist sie wohl erzählenswert.

Die Reise dauerte drei Tage und drei Nächte. Zuerst ging es ganz glatt: leere offene Kohlenwagen, schönes warmes Wetter. Wir standen wohl hie und da eine Weile, aber nicht allzu lange. So kamen wir wohl gegen Mittag über die Grenze. Wir fuhren zunächst einfach hinüber. Aber einige Kilometer später hielt der Zug an einer Station. Polnische Miliz kam in die Wagen und warf alle Deutschen, mit Ausnahme der deutschen Soldaten, die aus dem Westen nach Schlesien entlassen worden waren, hinaus; die ließ man seltsamerweise damals noch nach Hause fahren. Auf dem Bahnhof sammelte sich eine große Gruppe lamentierender Menschen, die nun von mit langen Peitschen knallenden Polen wie eine Herde abgetrieben wurden: zurück zur deutschen Grenze. Wir waren auch dabei. Ich überlegte mir, wie ich mich wohl bemerkbar machen könnte. Ich rief einen der Peitscher immer wieder an und sagte immer wieder: „Ich habe internationale Papiere!" Es stimmte zwar nicht ganz, aber es tat seine Wirkung. Er wurde aufmerksam und wies mich an einen jungen Leutnant der Miliz, der in der Nähe eine Art Büro hatte. So waren wir zunächst einmal aus der Menge heraus. Ich sah gleich, daß der Leutnant auch den haßerfüllten Ausdruck hatte, der so vielen dieser Milizleute eigen war. Ich zeigte ihm die schönen von Romai beschafften Papiere und eine weitere Bescheinigung des Berliner Magistrats, die ich mir noch besorgt hatte, ich sei in Angelegenheiten meines Mannes in Berlin gewesen und müsse nun zurück nach Schlesien zu meinen Kindern. Der Milizmann prüfte das alles, amüsierte sich köstlich und höhnisch über die heruntergekommene Grafina, überlegte etwas und sagte dann: Gut, ich könne weiterfahren, aber diese Frau – auf Frau Raschke zeigend –, die müsse zurück. Die gute Frau Raschke erhob sofort ein großes, verzweifeltes Geschrei: „Lassen Sie mich nicht im Stich, lassen Sie mich nicht im Stich, ich muß auch mitkommen!" Großer Lärm! Also sagte ich, wir müssen beide nach Schlesien. Wenn wir zusammenbleiben wollten, antwortete er, dann müßten wir eben beide zurück. Jetzt öffnete ich ziemlich verzweifelt meinen Rucksack und versuchte zu handeln: Proviant wollten sie nicht – hatten sie selbst –, aber sechs (!) amerikanische Zigaretten, die zu den Rationen gehörten, genügten. Ich bot ihm noch ein gelbes Regencape aus Plastik an und erinnere mich deutlich, wie ein älterer Pole in der Gruppe das Cape nahm, es sorgfältig faltete und hinter dem Rücken des Offiziers wieder in meinen Rucksack steckte. Wir konnten wirklich gehen; es war kaum zu glauben. So schnell wir konnten gingen wir zum Zug zurück, kletterten in einen Wagen und saßen dort erschöpft und still wie die Mäuschen. Kaum waren wir aber drin, kam eine weitere Polen-Razzia und schmiß uns wieder hinaus – unser Reden nutzte nichts. Aber der Milizleutnant stand auf dem Bahnhof, erkannte uns und ließ uns wieder einsteigen. Nach einer Weile ruckte es heftig, und der Zug setzte sich wirklich nach Osten in Bewegung. Es war ein Himmelsgefühl. Wir glaubten nun, wir hätten alles hinter uns, aber so bequem war es doch nicht. In dem geschlossenen Güterwagen saßen außer uns und anderen Leuten auch zwei entlassene Soldaten. Der eine war Bankbeamter aus der Waldenburger Gegend, der andere war ein oberschlesischer Bauer. Der konnte polnisch. Wir waren zwar abgefahren und auch ein Stück vorwärtsgekommen, bald aber blieben wir wieder stehen. Während der Nacht, wenn wir hielten, kamen immer wieder dunkle Existenzen in unseren Wagen herein, suchten nach Sachen und leuchteten uns an. Dann sagte der Bauer immer wieder auf polnisch: „Wir sind Polen!" Damit war es gut. Die beiden Soldaten hatten sich mit uns zusammengetan, und wir reisten nun zu viert. Frau Raschke und ich waren übrigens so erschöpft, daß wir auf dem Boden des Wagens, den

Kopf auf unseren Rucksäcken, ganz ruhig schliefen. Am nächsten Morgen entdeckten wir, daß wir erst in Sorau waren. Das liegt noch nördlich von Sagan, etwa zweieinhalb D-Zug-Stunden von Berlin entfernt auf der Strecke Berlin–Frankfurt/Oder–Liegnitz, auf der wir gewöhnlich nach Schlesien fuhren. Dort standen wir schon seit vielen Stunden. Man hatte den Eindruck, daß auf dieser jetzt eingleisigen, früher zum Teil viergleisigen Strecke – die Russen hatten in den ersten Monaten die Gleise alle abmontiert – sich ein Güterzug hinter dem anderen staute und daß wir noch nach Tagen dort stehen würden. Wir meinten, wir würden auf der Landstraße wahrscheinlich schneller von der Stelle kommen und beschlossen auszusteigen. Als wir nun auf der Landstraße von Sorau nach Sagan kräftig losmarschierten, überholte uns eine ganze Kolonne von leeren Pferdewagen mit russischen oder polnischen Panjepferdchen. Wir waren diese so östlichen Gefährte nun schon ganz gewohnt. Zuerst hatten die deutschen Soldaten sie benutzt, dann die Russen und hier die Polen; es sind im Gegensatz zu unseren schweren Ackerwagen ganz leichte, von ganz zierlichen Pferden gezogene Gefährte. Auf unseren Landstraßen tanzten sie – unbeladen – förmlich über die Straße im schnellen Rhythmus ihrer trabenden Pferdchen. Wir ließen die ganze Kolonne an uns vorüberfahren, bis wir schließlich bei einem der letzten Wagen den Mut hatten zu winken. Der polnische Kutscher hielt sofort; ohne viel zu sagen oder zu fragen ließ er uns vier aufsitzen, und wir fuhren schnell und vergnügt durch bis zum Bahnhof Sagan, wo nämlich die Wagenkolonne beladen werden sollte. Wir hatten in jeder Hinsicht Glück gehabt, denn zu Fuß wären wir wahrscheinlich von Polen aufgehalten und in Arbeitskolonnen gesteckt worden, die sie überall für Aufräumungsarbeiten einsetzten; wir passierten eine solche Sperre. Wer so aufgegriffen wurde, mußte dort manchmal wochenlang arbeiten, ehe er weiterziehen durfte. So kamen wir heil am Bahnhof Sagan an. Der stand genauso hoffnungslos voll mit Zügen wie der Bahnhof von Sorau: Güterzüge mit abmontierten Maschinen, alte Tanks usw., die nach Rußland transportiert werden sollten, aber auch voll besetzt mit Menschen. Wenige Deutsche, viele Russen und Polen, die noch aus Deutschland kamen und zurück in ihre Heimat wollten. Sie sahen uns böse an, wenn wir auch noch in die schon vollen Güterwagen steigen wollten, und verboten es uns. Und doch erinnere ich mich an ein kleines russisches oder polnisches Mädchen, das mir plötzlich von sich aus ein Stück Brot zusteckte. Wie wir nun so ratlos auf dem vollen Bahnsteig hin und her gingen, kamen zwei bewaffnete russische Soldaten stracks auf Frau Raschke und mich zu und winkten uns mitzukommen. Das war gar nicht schön, und unser Mut sank. Die beiden Soldaten kamen ungefragt und ungehindert mit uns. Wir gingen durch die Sperre. Was konnten wir anderes tun als folgen?! Warum hatten sie aus der anonymen Menge gerade uns ausgesucht? Was konnte das bedeuten? Das beunruhigte uns, während wir die Treppe hinunter und durch den Bahnhof und aus dem Bahnhof hinausgingen. Sie führten uns ein paar Schritte das Bahnhofsgebäude entlang und dann an der Ecke des Gebäudes wieder in eine andere Tür hinein. Dort war ein Büro, und Frau Raschke und ich wurden durch Zeichen angewiesen, das Büro zu putzen. Frau Raschke machte das ausgezeichnet, ich weniger, aber doch nicht so schlecht, daß es den Russen aufgefallen wäre. Die beiden Soldaten polierten inzwischen an einem Motorrad herum, und nach einer Stunde etwa waren wir fertig. Die Russen waren sehr zufrieden und bedauerten, nichts für die Arbeit bezahlen zu können, teilten uns aber mit, welcher von den vielen Zügen zuerst abfahren würde, und das war eine wirkliche Hilfe. Auch dieser Zug war voller Menschen und Maschinen. Auf einem flachen Transportwagen, auf den ein Tank montiert war, stand ein russischer Leutnant, neben ihm eine junge russische Frau. Wir machten dem Russen bescheidene Zeichen, denn vorne vor dem Tank war ein hübsches leeres Plätzchen, wo wir alle vier gut hätten sitzen können. Der Russe war ablehnend, aber wir hatten offenbar in der Frau eine Fürsprecherin. Sie redete ihm zu, und schließlich nickte er mit dem Kopf, und wir stiegen dankbar auf. Wir hatten uns nun auch schon an das ganz andere Zeitgefühl des Ostens gewöhnt, das mit den Russen und den Polen auch in Schlesien eingezogen war. Warten gehörte zum Leben. Wir schickten uns geduldig in das Unabänderliche. Ich weiß also nicht mehr, wie lange es dauerte, bis der Zug abfuhr, nur erinnere ich mich, daß im letzten Moment ein russischer Soldat zu uns aufsprang und ein Stück mit uns fuhr. Er legte sich gleich hin, wickelte sich in seinen Mantel und schlief ein. Später erwachte er, zog aus der Manteltasche Brot und eine zerknitterte Tüte mit Zucker, aß beides zusammen und gab uns wortlos davon ab. Wir waren nicht weit gefahren, dann standen wir wieder, oft auf offener Strecke. Dann sprangen die Leute aus den Wagen, liefen in die Felder und suchten Kartoffeln. Mit Hilfe von Steinen machten sie kleine Feuerstellen längs des Zuges, kochten in Büchsen Wasser und brieten die Kartoffeln in der Asche. Wir machten das genauso und teilten unseren Proviant. Wenn der Zug weiterfahren konnte, pfiff er zweimal, ließ zwischen den beiden Pfiffen den Leuten Zeit abzuräumen und einzusteigen, dann zog er an. Aber wir kamen an diesem Abend doch nicht bis Liegnitz. Wir mußten die Nacht über wieder auf einem Nebengeleise warten. Ich schlief hinter dem Tank. Da hatte ich mehr Platz, aber die Nacht war kühler, und gegen Morgen wurde mir flau. Ich fror erbärmlich. Da sah ich in der Nähe der Lokomotive ein großes, schönes Feuer. Mir war elend, ich wollte mich aufwärmen. So ging ich über Stock und Stein den Zug entlang bis zu dem Feuer. Dort saßen der Lokomotivführer – ein Pole – und ein riesengroßer einzelner russischer Soldat. Als sie mich so langsam daherkommen sahen, holten sie einen Holzkloben in die Nähe des Feuers, damit ich mich auch dorthin setzen konnte, gaben mir warme Kartoffeln und einen Tee, den der Pole mit dem Wasser der Lokomotive brühte, und waren sehr freundlich zu mir, ohne ein Wort mit mir sprechen zu können oder auch nur zu wollen. Das alles zusammen war so wohltuend, daß ich nach einiger Zeit wohl und gemütlich zu meinem Tankwagen zurückkehren konnte.

Es wurde dann hell, und wir standen immer noch an der gleichen Stelle, als plötzlich mit viel Geräusch und Pfeifen aus dem Nichts – so schien es uns – ein Personenzug erschien. Ganz voll zwar, aber er hielt, und schnell entschlossen stiegen wir um. Wir mußten allerdings aufs Dach eines Personenwagens klettern, denn an den Eingängen hingen die Leute schon in Trauben. Aber auf den Dächern war es noch leer, und wir fanden gar nichts dabei, nach oben zu klettern. Wieder schien die Sonne, und rasselnd und pfeifend, mit viel Rauch, fuhren wir durchs Land. Wir fühlten uns da oben wie Könige, zogen nur unter den Brücken vorsichtig die Köpfe ein und waren etwa nach einer Stunde in Liegnitz. Den Liegnitzer Bahnhof hatte ich seit Ende Januar nicht mehr gesehen. Er war in grauenhaftem Zustand – eine riesige Kloake. Wir hofften in Liegnitz auf weiteres Glück. Kein Mensch wußte aber dort, wann und wohin ein Zug abfahren würde. Es rangierten zwar ein paar Lokomotiven im Bahnhof, aber auch deren Führer wußten nicht, wohin sie schließlich geschickt wurden, und die wenigen, die abfuhren, gingen nicht in unsere Richtung. Von Liegnitz nach Kreisau sind es nur noch 56 Kilometer. Das konnten wir zur Not zu Fuß hinter uns bringen, aber wir hatten wieder viel Zeit mit Warten verloren, waren müde und wollten lieber noch eine Nacht schlafen. Wir kamen schlecht und recht in einem Haus unter, das zu einem Pfarramt gehörte. Wir wurden zwar aufgenommen, mußten aber alle vier auf dem Boden schlafen, und das war nun schon die dritte Nacht. Wir brachen also am nächsten Morgen sehr früh auf und gingen zu Fuß bis Jauer. Das dauerte mehrere Stunden. Wir hatten keine Hindernisse zu überwinden, nur war ich erschöpft und auch hungrig, denn ich hatte zwar noch eine kleine Reserve an amerikanischen Rationen, aber für drei Tage und drei Nächte waren sie nicht berechnet gewesen, und ich wollte nicht alles verbrauchen, falls ich noch länger aufgehalten würde. Ich blieb hinter den anderen etwas zurück und ging schließlich in ein Haus und fragte, ob ich etwas zu trinken bekommen könnte. Die Bauersfrau hatte noch die Reste vom Frühstück dort stehen und sagte, ich solle nur ruhig die Bratkartoffeln aufessen und dazu gab sie mir einen Kräutertee zu trinken, der noch warm im Topf auf dem Herd stand. Das belebte mich beides wie Götterspeise. Als wir aber auf dem Bahnhof Jauer ankamen, wollten wir doch lieber auf östliche Weise auf einen Zug warten, als weiterzulaufen. Wie die anderen Leute saßen wir auf dem Bahnsteig, ließen die Beine auf die Schienen baumeln und warteten. Es dauerte gar nicht sehr lange, da kam wirklich so ein schöner Personenzug. Wir konnten sogar glatt einsteigen und Platz finden, und er fuhr tatsächlich ruhig und ohne viel zu zögern – da wir ja jetzt auf einer Nebenlinie waren – über Striegau, Königszelt und Schweidnitz und hielt auf seinem Weg weiter nach Kamenz brav in Kreisau an. So zwischen sechs und sieben Uhr abends kamen wir an. Alles war im schönsten Frieden. Als wir den Berghaushügel hinaufgingen, kam mir Caspar entgegengelaufen: „Ah, da bist du ja wieder, Reialie!" rief er vergnügt, als sei ich nur ein paar Stunden weggewesen, und das Berghaus erschien mir wie eine ruhige Insel in einem bewegten Meer.

Aber ganz ohne Schwierigkeiten war es doch auch dort nicht abgegangen. Die Polen waren zu viert wiedergekommen, und dieses Mal hatte ihnen Romai aufgemacht. Vorher hatte sie aber noch ihren Roland, der damals fast neun Jahre alt war, zu dem russischen Hauptmann ins Schloß geschickt. Er war zum Fenster hinausgesprungen und die fünf Minuten zum Schloß gerannt; nach weiteren zehn Minuten erschienen vier bewaffnete Russen, und die Polen zogen sich sofort zurück. Im Hof war inzwischen der erste Verwalter wieder verschwunden, und ein richtiger Pole, mit dem Zeumer es noch schwerer hatte, der sich aber uns gegenüber auch nicht unfreundlich benahm, war eingezogen. In Zukunft wurde das Gut als polnisches Staatsgut verwaltet.

Nach meiner Rückkehr aus Berlin erlebten wir noch eine schöne Geschichte mit unserem Hauptmann im Schloß. Anfang des Sommers hatte uns unser Wierischauer Bomben-Mieter, dessen große Familie auch schon Anfang Februar abgefahren war, seinen reizenden jungen, schwarzgelockten Spaniel gebracht, ehe er selbst seiner Familie nachzog. Dieses hübsche Tier mit seinen schwarzen Seidenlocken fanden die Russen wohl genauso schön wie Konrad mit seinen lockigen Haaren, und wir merkten bald, daß sie sehr hinter dem Hund her waren. Die Kinder liebten ihn aber auch, und wir paßten daher sehr gut auf ihn auf. Aber schließlich, am Ende des Sommers, war er doch eines Tages weg. Wo war er nur? Roland Reichwein entdeckte es bald: Im Schloß hatte es gebellt! Was sollten wir nun tun? Den Hauptmann wollten wir nicht ärgern, aber wir wollten uns auch den Hund nicht so einfach wegnehmen lassen. Romai und ich gingen zusammen ins Schloß und verlangten den Hauptmann zu sprechen. Wir warteten eine kleine Weile. Dann führte uns eine russische Zivilarbeiterin, die dolmetschen sollte, herauf. Oben im Saal saß der Hauptmann, wie man sich einen persischen Satrapen vorstellt, in dem riesigen goldenen, mit schwarzem Damast bezogenen Sessel, von dem man sich erzählte, daß der noch riesigere und sehr dicke Onkel Ludwig Moltke aus Wernersdorf sich ohne Hilfe nicht habe aus ihm erheben können. Da also saß der Satrap und sah finster aus, denn er wußte genau, wir kamen wegen des Hundes. Aber nun kam unser Trick, und er tat Wunder. Ich bat die Dolmetscherin, dem Herrn Hauptmann zu sagen, daß wir uns ein Vergnügen daraus machten, ihm den Hund zu schenken! Der Hauptmann sprang sofort auf, lächelte, freute sich, und wir mußten ihm den Namen des Hundes nennen. Rago, wiederholte er sorgfältig. Ob er auch einen Stammbaum habe, ob er zum Jagen dressiert sei. Ich erklärte ihm, daß sich höchstens in Wierischau noch ein Stammbaum finden könnte, und er verabredete sich mit mir hinzufahren. Als er nun so sichtlich bester Stimmung war, fragte Romai, ob sie vielleicht, da es doch hieße, die Kompanie zöge bald nach Schweidnitz, zwei Betten, die ihr gehörten und die sie brauchte, aufs Berghaus holen könnte. Der Hauptmann ließ auf freundlichste Weise erwidern, sie zögen in den nächsten Tagen ab, es werde alles genauso stehen- und liegenbleiben. Dann könne sich Romai holen, was sie wolle. So besiegelte Rago die freundlichen Beziehungen, die wir zu „unserem Hauptmann" in diesem Sommer gehabt hatten. Die Russen zogen auch in der Tat schon am nächsten Tag ab. Aber als wir hinterher ins Schloß kamen, war es total ausgeräumt. Außer zwei kleinen schönen Schränken aus dem 18. Jahrhundert, die Wend und Asta gehörten – den einzigen wirklich guten Stükken, die noch im Schloß gestanden hatten –, war nichts mehr da! Der Wind pfiff durch das leere Schloß!

In Berlin hatte mir Gero Gaevernitz erzählt, daß in seinem elterlichen Landhaus im Kreis Neurode, von dem er in den letzten Jahren nichts mehr gehört hatte, da er und seine Familie in die USA gegangen waren, noch eine Reihe von Menschen wohnen müßten, deren Wohlergehen ihm am Herzen liege. Er wollte gerne wissen, wie dort alles aussähe, wollte Grüße bestellt haben und seinen Freunden sagen lassen, sie möchten Schlesien verlassen. Er hatte mich gebeten, wenn möglich doch einmal dort nachzuschauen. Der Kreis Neurode liegt nicht wie der Kreis Schweidnitz vor dem Gebirge, sondern mitten drin. Eine Zugverbindung gab es nicht; mit dem Rad zu fahren konnten wir nicht mehr riskieren. Die Räder nahmen jetzt nicht mehr die Russen, dafür aber die Polen weg, und inzwischen mußten alle Deutschen in Schlesien weiße Armbinden tragen. Wir taten das zwar nicht, riskierten aber dadurch, in Schwierigkeiten zu kommen. Einige Zeit nach meiner Rückkehr aus Berlin – Marion und Muto waren wieder einmal bei uns – wollten Marion und ich das Gaevernitzsche Haus besuchen. Auch diese Wanderung ist mir in schönster Erinnerung geblieben. Es war weit, weiter als wir erwartet hatten. Bei Sonnenaufgang waren wir aufgebrochen, und obwohl wir keine sehr langen Pausen machten, waren wir erst am späten Nachmittag dort. Wir fanden ein stattliches Herrenhaus in einem großen Park; Helmuth war dort früher mehrfach zu Gast gewesen. In dem großen Haus saßen Polen; die Menschen, die Gaevernitz wichtig waren, wohnten in den Nebenhäusern. Es ging ihnen leidlich. Sie hatten mit Russen und Polen Ähnliches erlebt wie wir. Sie freuten sich über unseren Besuch und die Verbindung zu Gaevernitz. Wir übernachteten dort und gingen am nächsten Tag auf einem anderen Wege zurück. Insgesamt waren es 45 Kilometer, und unsere Füße nahmen es übel, innerhalb von zwei Tagen soviel laufen zu müssen. Sie waren trotz dicker Schuhe voller Blasen, aber sonst war uns der Ausflug gut bekommen.

Unsere Füße waren eben wieder heil, da kam Romai eines Tages ins Haus gestürzt, um uns zu sagen, es seien Amerikaner im Dorf, und sie wollten uns besuchen. Sie war ganz aufgeregt, und als wir aus dem Hause kamen, fuhr gerade ein großer amerikanischer Sportwagen vor, und heraus stieg Gaevernitz. Mit ihm kam als Chauffeur ein amerikanischer Soldat, der fließend Polnisch und Russisch sprach. Gaevernitz hatte sich von den Russen und Polen eine Erlaubnis verschaffen können, nach Schlesien zu fahren, und hatte beschlossen, selbst nach seinem Neuroder Haus zu sehen. Sie übernachteten bei uns, fuhren am nächsten Tag hinüber und kehrten abends wieder zurück. Die Amerikaner wollten möglichst viel über die Zustände in Schlesien erfahren. In Berlin hatten sie uns schon um einen genauen Bericht gebeten, an dem wir inzwischen gearbeitet hatten. Die systematischen Evakuierungen aus Schlesien waren in den letzten Wochen erst richtig in Gang gekommen. Jetzt wollte Gaevernitz sich selbst ein Bild machen. Er fragte, ob wir ihn am nächsten Tag nach Breslau begleiten könnten, wo wir Beziehungen zu katholischen und evangelischen Pfarrern hatten. Die Kirchen bildeten damals in Schlesien das einzige Netz, über das noch einigermaßen zuverlässige Nachrichten weitergeleitet und überhaupt Verbindungen zwischen einzelnen Orten aufrechterhalten werden konnten. Marion und ich freuten uns, mit dem Auto durchs Land zu fahren, es in Augenschein nehmen und Breslau sehen zu können. Unsere Eindrücke waren aber trostlos. Hinter der Front, an der die Russen bis zum Ende des Krieges haltgemacht hatten, war alles zerstört, zerschossen und verwüstet. Zwar sah man, daß auch hier Evakuierte zurückgekehrt waren und versuchten, in den Trümmern neu zu beginnen, aber die Zerstörung war gewaltig, das Land war nicht bestellt, auf den schönen Äckern wuchs hohes Unkraut. Jetzt sah ich zum erstenmal den großen Unterschied zwischen diesen beiden Zonen. Die Stadt Breslau war genauso erschütternd: von Süden hereinfahrend, sahen wir nur Trümmer, doch der Kern der Stadt war ziemlich gut erhalten. Wir trafen die Leute, an die wir verwiesen worden waren, besahen uns die zerstörte Stadt, in der nur ein paar Buden zu leben schienen, obwohl natürlich in Wirklichkeit noch Tausende dort wohnten, und fuhren am Nachmittag über Strehlen-Reichenbach wieder zurück. Es dunkelte schon, als wir Kreisau erreichten. Ehe wir an den Berghaushügel kamen, wurden wir von einigen Dorfbewohnern angehalten. Wir sollten vorsichtig sein, auf dem Berghaus seien Polen. Sie seien schon vor einiger Zeit mit einem leeren Kastenwagen hinaufgefahren. Russen seien auch oben. Den Amerikanern war dies nicht gerade angenehm. Aber sie verstanden, daß wir so schnell wie möglich hinwollten, und waren auch gleich entschlossen, uns nicht im Stich zu lassen. Gaevernitz in einer schönen amerikanischen Oberstuniform war alles andere als ein Soldat; doch an diesem Abend benahm er sich wie ein Soldat. Ich sehe noch, wie er vor unserer Haustür tief Atem holte. Dann aber war er ausgezeichnet. Die Polen und Russen waren einfach baff, einen amerikanischen Offizier vor sich zu sehen. Tatsächlich war das ganze Haus voller Polen, die alles untersuchten. Die Kinder saßen zusammen mit Frau Pick in der Küche und wurden von einem russischen Soldaten mit einem großen Schnauzbart, der mit einem Gewehr in der Hand gemütlich auf dem Küchenstuhl saß, bewacht, das heißt beschützt. Muto und Romai waren im Haus beschäftigt. Folgendes war passiert: Die Polen waren gekommen und hatten gesagt, wir hätten Schätze unten im Hause eingemauert. Die wollten sie nun wegholen. Tatsächlich hatte ich mit Hilfe eines polnischen Maurers, der bei uns im Hof arbeitete – das war übrigens der Mann, der gesagt hatte, wenn ich bliebe, bliebe er auch – wegen des Ansturms zurückflutender deutscher Soldaten, die in so zerstörerischer Stimmung waren, Wäsche, Kleider, Silber und Bücher unter unserer Kellertreppe im Berghaus und unter der Kellertreppe im Schloß nicht nur für uns, sondern auch für die schon Abgereisten eingemauert. Das unter der Schloßtreppe liegt wohl heute noch dort und ist inzwischen längst vermodert. Im Sommer kochten nämlich die Russen lustig vor dieser Mauer und hatten nichts bemerkt, obwohl die Russen gewöhnlich ein Gespür für solche Tricks hatten. Sie hätten von dem Ausräumen auch nicht allzuviel gehabt, denn die Moltkes besaßen keine Schätze, und was ihnen kostbar war, hätte die Russen und Polen doch nicht weiter interessiert. Im Berghaus hatten die Polen aber nun die Mauer eingeschlagen und alles nach oben transportiert, wo es in wilder Unordnung lag. Sie waren offenbar etwas enttäuscht über das Gefundene und wühlten oben noch in meinen Papieren herum.

Die Amerikaner waren gerade zur rechten Zeit gekommen. Sie hielten die Polen auf, und Gaevernitz machte ihnen mit Hilfe seines Dolmetschers deutlich, daß sie kein Recht hätten, uns unsere Sachen wegzunehmen, sie möchten gefälligst alles stehen- und liegenlassen und abziehen. Das machte Eindruck, aber es gab doch ein Hin und Her, und schließlich fuhr der Dolmetscher von Gaevernitz noch mit ihnen nach Schweidnitz zurück, woher sie kamen, um mit ihren Vorgesetzten dort noch einmal die Sache zu besprechen. Er kam etwa nach einer Stunde wieder. Ja, es sei in Ordnung, ich könne alles behalten. Meine Schreibmaschine war das schwierigste Objekt gewesen; um die hatten sie am längsten gekämpft. Das Radio hatten sie übrigens nicht bemerkt. Es überstand die Razzia an seinem gewohnten Platz. Nun aber hatte die Anwesenheit amerikanischer, uniformierter Soldaten in Schweidnitz Aufsehen erregt, und schon früh am nächsten Morgen kamen zwei Russen und verlangten die Ausweise der Amerikaner. Ich war im Zimmer, konnte natürlich nichts verstehen, sah aber meinen beiden Freunden an, daß sie sich gar nicht wohl fühlten. Die Russen prüften alles längere Zeit, es gab allerlei zu besprechen, aber schließlich gingen sie. Kaum waren sie aus dem Hause, gestand mir Gaevernitz, seine Genehmigung, nach Polen zu fahren, sei schon abgelaufen, er habe das mit dem Grenzbeamten zwar mündlich geregelt, aber außerdem sei die Erlaubnis gar nicht ihm, sondern einem anderen Offizier erteilt worden. Dieser Mann hatte die Fahrt nicht unternehmen können. Da hatte Gaevernitz die gute Gelegenheit benutzt und war unter falschem Namen gereist. Wenn das herauskam, konnte es für alle übel ausgehen. Also weg, so schnell wie möglich! Damit die Schweidnitzer Russen keine Gelegenheit mehr hatten, die Papiere ein zweites Mal in Augenschein zu nehmen. Blaß und aufgeregt setzten sich die beiden in ihr schönes Auto. Ich gab Gaevernitz den ersten Pakken von Helmuths Briefen mit, die so lange hinten in meinen Bienenstöcken vor den Nazis versteckt gewesen waren. Aus dem Auto lehnte sich Gaevernitz noch einmal zu uns heraus: „Ihr müßt hier alle weg", sagte er, „und so schnell wie möglich. Ihr sitzt hier auf einem Vulkan!" Damit fuhr er ab. Er und sein Begleiter sind ohne Hindernisse bis an die Grenze gekommen, haben sie glatt passiert und Berlin erreicht.

Aus allem Erleben war deutlich geworden, daß wir auf die Dauer nicht in Schlesien bleiben konnten. Doch wir glaubten, es habe Sinn, die Stellung noch eine Weile zu halten, besonders da wir uns mit den vielen anderen Dorfbewohnern solidarisch fühlten. Daß aber das Kinderparadies dieses Sommers sich über den Winter nicht halten ließ, war sicher. Zwar hatte ich im Frühjahr nach Abzug der Schloßbewohner den ganzen dort noch vorhandenen Koks aufs Berghaus holen lassen, aber Nachschub war nicht zu bekommen. Also war es klüger, die Kinder beizeiten aus Kreisau wegzubringen. Zunächst machte sich Romai mit ihren vier Kindern auf. Sie ordnete, packte, bündelte und verteilte ihre Lasten und bürdete sich selbst unglaubliche Mengen auf. Mit ihrer unvergleichlichen Energie, mit der sie auch nach dem Verlust ihrer gesamten Habe in Berlin unter schwierigen und unbequemen Umständen einen neuen und schönen Hausstand im Schloß zusammengetragen hatte, mit der gleichen Kraft und Zähigkeit nahm sie jetzt den Transport ihrer Kinder und so vieler Sachen wie möglich auf sich. Es war vorgesehen, daß sie ihre Kinder gut unterbringen und dann selbst noch einmal nach Kreisau zurückkehren sollte, damit ich meine Kinder wegbringen konnte. Die Familie begab sich in unserer Begleitung auf den Bahnhof Kreisau und wartete geduldig, bis ein Zug kam. Mit Sack und Pack fanden sie Platz und verschwanden.

Nun war also unser Haushalt schon zusammengeschrumpft. Nach dem Besuch von Gaevernitz waren vielleicht ein bis zwei Wochen vergangen, da erlebten wir wieder etwas ganz Ungewöhnliches. Wir hatten gerade in Schweidnitz gegen polnisches Geld Waren verkauft. Deutsches Geld, das wir hatten, half uns nichts mehr. Wir konnten für längere Zeit ohne polnisches Geld nicht mehr auskommen. Aber wir hatten natürlich vielerlei zu verkaufen. Es waren wohl ein Stück Seide und ein paar Damenschuhe, die Carl Bernd mir aus Griechenland zum Aufbewahren nach Kreisau geschickt hatte, die zuerst dran glauben mußten. Marion begleitete mich wieder. Zu Fuß ist es nach Schweidnitz nur eine reichliche Stunde, wenn man querfeldein über den Mühlberg geht. Man hält immer auf den freundlich winkenden, hohen Turm der Schweidnitzer Hauptkirche zu. So wird einem die Zeit nicht lange. Das Erstaunliche war damals, wie schnell und wie stark sich Schweidnitz in den sechs Monaten nach dem Krieg verändert hatte. Es sah jetzt schon ganz polnisch aus. Und dies lag nur zum Teil an den neuen polnischen Aufschriften und Straßenschildern und an den Nachkriegsnöten aller Art. Es lag auch an den anderen Menschen auf der Straße und an dem vollkommen geänderten Lebensrhythmus, den sie mitbrachten. Ich hätte nie für möglich gehalten, daß sich ein Wechsel so schnell vollziehen kann. Wir erledigten unsere Geschäfte, wie wir fanden, sehr erfolgreich. Polnisches Geld „klimperte" in unseren Taschen, als wir nach Hause gingen. Auf dem Weg zum Berghaus durch den Hof riefen uns Leute an. Wir hätten wieder Besuch. Dieses Mal seien es Engländer. Ich wollte es nicht glauben, aber eine Frau war ganz sicher. Doch, sie hätten sie persönlich nach dem Weg gefragt und seien nun oben. Wir machten lange Schritte, und in der Tat: Auf unserem schmalen Fahrweg stand ein kleiner, unverkennbar englischer Viersitzer; noch dazu mit einem britischen Fähnchen.

Welch ein Anblick mitten in Schlesien zwischen Russen und Polen.

Drinnen im Hause fanden wir zwei ebenso unverkennbar englische Herren, die sich mit Muto bestens unterhielten: Mr. Hancock und Mr. Finch von der englischen Botschaft in Warschau. Wie mich nach all den Kriegsjahren diese Herren mit ihren englischen Hemden, englischen Röcken und ihrer englischen Art beeindruckten! Eine andere und mir doch so bekannte Welt schien aus den Wolken in unser Berghaus gefallen zu sein. Ihr Erscheinen war die Antwort auf meinen in Berlin an Lionel Curtis geschriebenen Brief. Er versuchte jetzt Himmel und Erde zu bewegen, um uns aus Kreisau herauszuhelfen. Er hatte sich an Ernest Bevin, den englischen Außenminister, gewandt. Bevin hatte Erkundigungen über uns eingezogen und war ausgerechnet an Con O'Neill im Foreign Office gekommen, der Helmuth von Berlin kannte und schätzte, so daß nach der Auskunft Bevin Montgomery in Berlin gebeten hatte, bei den Russen und Polen anzufragen, ob die Engländer uns aus Kreisau abholen dürften. Die beiden Engländer waren nach Kreisau gekommen, um mir dies mitzuteilen. Sie hatten noch weitere Geschäfte in der Liegnitzer Gegend und wollten dann möglichst schnell nach Warschau zurück. Sie blieben daher nur zum Mittagessen und redeten ernst mit uns: Sie wüßten nicht, ob die Abholung gestattet werde, sie hätten keine Möglichkeit, mir das Ergebnis der britischen Intervention mitzuteilen. Ich solle vier Wochen warten. Wenn bis dahin niemand gekommen sei, habe man das englische Gesuch abgelehnt, dann müsse ich versprechen, Kreisau auf eigene Faust zu verlassen. Ehe sie gingen, zog mich der Rangältere, Mr. Hancock, noch in eine

Ecke. Wie ein Vater fragte er mich, ob ich genug polnisches Geld habe. Ich erklärte ihm, auf welche Weise ich es mir verschaffen könnte. Aber das erschien ihm nicht gut genug. Er gab mir den Gegenwert von fünfzig Pfund in Zloty, und ich stellte ihm eine Quittung aus auf die British Embassy, Warsaw. Ich konnte das dann später von England aus zurückzahlen, aber damals erschien es mir wie im Märchen. Dann fuhren unsere beiden Freunde wieder ab.

Jetzt verloren wir auch endlich das Radio, und zwar an den komischen Russen mit dem Schnauzbart, der während des Polenbesuches die Kinder in der Küche bewacht hatte. Herr Serpuchow hatte damals einen tiefen Blick in unsere Speisekammer getan und entdeckt, daß wir eine Menge sehr guter selbstgemachter Marmelade hatten. Der Mann kam nun alle paar Tage und holte sich als Tribut ein neues Glas Marmelade. Sie schmeckte ihm offenbar ausgezeichnet, und sein Konsum war erheblich. Eines Tages kam er mit geheimnisvoller Miene. Er habe von den Polen gehört, daß es bei uns abends – wörtlich – türülürülü machte. Wir hätten also ein Radio! „Oben", sagte er und begab sich auf die Suche. Zuerst taten wir so, als verstünden wir ihn nicht, und überlegten inzwischen, wie wir uns aus der Affäre ziehen sollten. Der Russe machte drastische Zeichen: Radio, wenn nicht hergeben – rrr – die Gurgel durch, also besser hergeben! Wir wußten ja inzwischen, daß wir doch nicht bleiben konnten. War es besser, den Besitz des Radios zuzugeben oder das Ding heimlich in den Busch zu schaffen? Das war nicht so einfach, und wir berieten darüber, während der Russe oben das Haus durchsuchte. Da wollten wir es doch lieber ihm geben, weil wir ihn schon kannten und ihn nicht fürchten mußten. Wir holten ihn in die Küche. Er kam, sah es und war begeistert, strahlend, selig wie ein Kind. Als er es anstellte und wirklich Musik hörte, konnte er sich kaum fassen vor Vergnügen, tanzte förmlich in der Küche herum. Er faßte sich nach einiger Zeit wieder etwas und gab uns Anweisungen, es bis zum Abend wieder wegzustellen und zu verstecken. Nach Einbruch der Dunkelheit kam ein anderer, unbekannter Russe auf einem Motorrad. Er hatte mehrere Decken bei sich, in die er unser Radio sorgsam einwickelte. Dann schnallte er es auf und verschwand damit. Wir waren es auf die allerbeste Art, ganz inoffiziell, als private Russenbeute, losgeworden.

Nun kamen die letzten Wochen in Kreisau. Marion und Muto fuhren wieder nach Berlin. Dafür kam Davy über Kreisau nach Schlesien, ging zwar nicht zurück nach Wernersdorf, wo alles zerstört war, aber nach Bresa, wo sie noch viele Monate bis zur Evakuierung der ganzen Gegend blieb. Dann waren die Kinder und ich wieder mit Frau Pick und Liesbeth alleine. Es waren sehr friedliche und schöne Herbstwochen, ein sonniger, stiller Oktober. Ich hatte das Gefühl, die Zeit stünde noch einmal still. Nichts störte uns; wir hörten nichts und waren nicht beunruhigt. Mein rechter Zeigefinger war unangenehm entzündet und mußte in Schweidnitz im Krankenhaus geschnitten werden. Der Schnitt, der schlecht heilte, behinderte mich, und es war ganz unmöglich, mit den Kindern die Reise nach Berlin über die schwierige Grenze, wo den Leuten alles abgenommen wurde, zu unternehmen, bevor meine Hand wieder heil war. Man konnte nur warten, und es war wunderbar zu warten. Was ich im Hof noch wollte, weiß ich nicht mehr, denn ich hatte dort nichts mehr zu tun. Jedenfalls aber war ich im Nieder-Gräditzer Schweinestall gewesen und kam dort zur Türe heraus, als Caspar in den Hof gelaufen kam und mit seiner hellen Stimme rief: „Reialie, komm, wir müssen weg. Die Engländer sind da!"

Es waren auf den Tag vier Wochen vergangen, seitdem das Auto aus Warschau dagewesen war. Die Engländer waren mit einem großen Personenwagen und einem kleinen Lastwagen gekommen. Der Lastwagen war halb voll mit Notausrüstung. Der freundliche Major Caird und seine zwei Soldaten fühlten sich wie auf einer militärischen Expedition im Feindesland. Ich konnte sie nur mit Mühe dazu überreden, keine Zelte aufzuschlagen, sondern die Nacht ruhig in unseren Betten zu verbringen. Aber sie taten es schließlich, während ich packte. Es stand ja von dem Polenbesuch noch vieles in Koffern im Haus. Im Dorf verbreitete es sich wie ein Lauffeuer, daß wir nun gingen, und obwohl mir gesagt worden war, ich dürfe nur meine höchst eigenen Sachen mitnehmen, nahm ich doch eine ganze Reihe von anderen Koffern mit. Aber alles, was wir heute noch aus Kreisau haben, verdanken wir nur den Engländern.

Es wurmt mich heute noch, daß ich dem jungen Briefträger, Herrn Jung, versagt habe, sein riesiges Schifferklavier mitzunehmen, das er auf einem Leiterwagen brachte. Aber es waren zu viele Sachen unterzubringen, die damals wichtig erschienen. Eigentlich sollten nur die Kinder und ich mitfahren. Aber der freundliche Major erbarmte sich dann doch der guten Frau Pick. Sie durfte mit uns kommen.

Früh am nächsten Morgen brachen wir auf. Das Haus blieb offen. Wir fuhren den Berghügel hinunter auf die Eule zu. Als der Wagen anfuhr, fragte ich Caspar: „Wann werden wir denn wohl wiederkommen?" – „In einem Jahr!" sagte er vergnügt und bestimmt. Wir fuhren den holprigen, schmalen Weg zum Bahnhof entlang, kamen beim Bahnhof auf die Dorfstraße, fuhren über die Peilebrücke, am Kapellenberg, an der Mühle, an der Schule, an Schwester Idas Spielschule vorbei, an der Kuhstallmauer entlang, am Hoftor vorüber – man sah Hof und Schloß dort liegen –, dann weiter durch das Dorf bis Gräditz, wo wir auf die Chaussee nach Schweidnitz kamen. Sieben Stunden später waren wir in Berlin. An der Grenze grüßten die Polen, öffneten den Schlagbaum, und wir passierten ungehindert, dank der Freundschaft der Engländer, die damals von allen gefürchtete polnisch-deutsche Grenze.

Nachbemerkung

Die beiden ersten Abschnitte, die Erzählung einer uralten Frau, haben meine beiden Söhne, meine Enkeltochter Dorothea, Sabine Reichwein und Peter Hoffmann kritisch und mit sehr hilfreichen Hinweisen vor der Drucklegung gelesen. Mich in der wunderbaren deutschen Sprache – wie kommen nur die Deutschen zu einer so herrlichen Sprache? – noch einmal zu äußern wurde mir zum Geschenk. Ohne die wiederholte Aufforderung von Ernst-Peter Wieckenberg hätte ich es nicht getan.

Der dritte Abschnitt, die Beschreibung der letzten Monate in Kreisau, ist bereits 1961 entstanden und 1984 erschienen.*

Jetzt ist in Polen ein ganz neues Kreisau/Krzyżowa dabei heranzuwachsen. Freunde des Widerstands gegen die Diktaturen in Deutschland und in Polen haben sich zusammengetan und die „Kreisau Stiftung für Europäische Verständigung“ gegründet, die den Hofkomplex und das Berghaus besitzt. Die Regierungen haben die Mittel zum Aufbau bereitgestellt. Wieder soll Kreisau bestimmt sein für Begegnung, Miteinander-Sprechen, Aufeinander-Hören, vor allem für jüngere, aber auch für ältere Menschen. Kreisau will nun, soll nun und kann nun einem besseren Zusammenleben in Europa dienen.

* Freya von Moltke, Michael Balfour, Julian Frisby: Helmuth James Graf von Moltke 1907–1945. Berlin 1984 (vgl. S. 16).

Der „Kreisauer Kreis“

Ernst von Borsig
Alfred Delp (1945 hingerichtet)
Horst von Einsiedel
Otto Heinrich von der Gablentz
Eugen Gerstenmaier
Hans Bernd von Haeften (1944 hingerichtet)
Theo Haubach (1945 hingerichtet)
Paulus van Husen
Lothar Koenig
Julius Leber (1945 hingerichtet)
Hans Lukaschek
Carlo Mierendorff
Freya von Moltke
Helmuth James von Moltke (1945 hingerichtet)
Hans Carl Maria Alfons Peters
Harald Poelchau
Adolf Reichwein (1944 hingerichtet)
Augustin Roesch
Theodor Steltzer
Carl Dietrich von Trotha
Margrit von Trotha
Adam von Trott zu Solz (1944 hingerichtet)
Eduard Waetjen
Irene Yorck von Wartenburg
Marion Yorck von Wartenburg
Peter Yorck von Wartenburg (1944 hingerichtet)

dtv portrait

Herausgegeben von Martin Sulzer-Reichel
Originalausgaben

Biographien bedeutender Frauen und Männer aus Geschichte, Literatur, Philosophie, Kunst und Musik

Hannah Arendt
Von Ingeborg Gleichauf
dtv 31029

Johann Sebastian Bach
Von Malte Korff
dtv 31030

Thomas Bernhard
Von Joachim Hoell
dtv 31041

Hildegard von Bingen
Von Michaela Diers
dtv 31008

Otto von Bismarck
Von Theo Schwarzmüller
dtv 31000

Die Geschwister Brontë
Von Sally Schreiber
dtv 31012

Giordano Bruno
Von Gerhard Wehr
dtv 31025

Georg Büchner
Von Jürgen Seidel
dtv 31001

Frédéric Chopin
Von Johannes Jansen
dtv 31022

Joseph Conrad
Von Renate Wiggershaus
dtv 31034

Hedwig Courths-Mahler
Von Andreas Graf
dtv 31035

Annette von Droste-Hülshoff
Von Winfried Freund
dtv 31002

Elisabeth von Österreich
Von Martha Schad
dtv 31006

Theodor Fontane
Von Cord Beintmann
dtv 31003

Sigmund Freud
Von Peter Schneider
dtv 31021

Friedrich II. von Hohenstaufen
Von Ekkehart Rotter
dtv 31040

dtv portrait

Herausgegeben von Martin Sulzer-Reichel

Johann Wolfgang von Goethe
Von Anja Höfer
dtv 31015

Jimi Hendrix
Von Corinne Ullrich
dtv 31037

Alfred Hitchcock
Von Enno Patalas
dtv 31020

Jesus von Nazaret
Von Dorothee Sölle und Luise Schottroff
dtv 31026

Erich Kästner
Von Isa Schikorsky
dtv 31011

Immanuel Kant
Von Wolfgang Schlüter
dtv 31014

Heinrich von Kleist
Von Peter Staengle
dtv 31009

John Lennon
Von Corinne Ullrich
dtv 31036

Gotthold Ephraim Lessing
Von Gisbert Ter-Nedden
dtv 31004

Ludwig II.
Von Martha Schad
dtv 31033

Stéphane Mallarmé
Von Hans Therre
dtv 31007

Klaus Mann
Von Armin Strohmeyr
dtv 31031

Maria Theresia
Von Edwin Dillmann
dtv 31028

Nostradamus
Von Frank Rainer Scheck
dtv 31024

Novalis
Von Winfried Freund
dtv 31043

Edgar Allan Poe
Von Frank T. Zumbach
dtv 31017